FRAUDE

EM LEILÕES VIRTUAIS DE VEÍCULOS

Tudo o que você precisa conhecer

Sobre o autor

Francisco Mailson de Oliveira Silva. Advogado. Cientista político. Pós-graduado em direito e processo penal. Autor do livro *ônus da prova e exceção de segurança nos atos tipicamente terroristas de facções criminosas*. Autor de diversos artigos. E-mail: mailsonadvogado26527@gmail.com

SUMÁRIO

Introdução

Capítulo I – Responsabilidade civil da instituição financeira em cibercrimes de leilões virtuais de veículos

Capítulo II – A Responsabilidade civil da certificadora de site seguro por crimes ocorrido em falsos leilões de veículos

Capítulo III – Responsabilidade civil por omissão do Estado

Capítulo IV – Teoria *Follow the money*

Capítulo V – Participação ativa da vítima

Capítulo VI – análise criminológica e de casos

Conclusão

Bibliografia

Introdução

A análise da responsabilidade civil da instituição financeira por conduta criminosa perpetrada por criminosos que se utilizam das facilidades de abrir e movimentar conta bancária de forma eletrônica para escoar o proveito criminoso. A instituição financeira queda-se omissa no dever de segurança, incrementando no risco da segurança bancária de consumidores-vítimas, e endossando o proveito e êxito dos criminosos, quando agem de forma livre. As teorias da cegueira deliberada e *conditio sine qua non* são invocadas para fortificar o tônus da reponsabilidade objetiva da instituição bancária, evocando que quando os criminosos agem utilizando-se o aparato do banco, atrai o fortuito interno e fato do serviço, devendo os danos suportados por consumidores-vítimas serem integralmente reparados. A jurisprudência brasileira é uníssona quanto a possibilidade de responsabilizar civilmente a instituição bancária quando esta é negligente em seus deveres, notadamente o de segurança.

A teoria *follow the money* no processo penal brasileiro, em especial atenção as tensões existentes entre a privacidade e a persecução criminal, lançando luzes sobre a Carta-Circular n. 3.542 do Banco Central do Brasil, como espectro de observação de diversas situações e condutas indiciárias de crime de lavagem de capitais, sendo esse documento mais um meio de se concretizar a teoria *follow the money*. Adentrando no tema da teoria *follow the Money*, encontramos no Brasil perspectiva salutar após a decisão do Supremo Tribunal Federal que possibilita o compartilhamento de dados fiscais e bancários com o Ministério Público, o que reforça a tese de persecução mais célere, a se evitar a sensação de impunidade a que os críticos da teoria da anomia lastreiam bandeiras.

A explanação dos poderes da vítima para exercer na fase preliminar e investigatória e na ação penal quando o membro do Ministério Público queda-se inerte ou age aquém das expectativas para êxito da persecução penal. Diante da inércia exsurgem danos ao processo, notadamente na produção de provas, que para alguns crimes, como os cometidos por meio eletrônico, por exemplo, as peculiaridades do modo como se operam esses crimes e os vestígios que logo podem ser suprimidos, são elementos regentes para imprimir celeridade na produção de provas e identificar os autores e partícipes da empreitada criminosa. A teoria dos poderes implícitos embasa a capacidade ativa da vítima antes do aforamento de ação penal pública pelo *parquet*, podendo, inclusive, na fase inquisitorial a vítima ter papel determinante.

Capítulo I - Responsabilidade civil da instituição financeira no *cibercrime* de leilões virtuais de veículos

A dimensão da responsabilidade civil da instituição financeira no *cibercrime* torna-se presente na atualidade, haja vista os avanços tecnológicos e aplicativos existentes no mercado bancário, o que atrai os olhares de organizações criminosas e criminosos de colarinho branco, como os que aplicam golpes pela *internet*.

O banco, ao disponibilizar a abertura de conta bancária de forma eletrônica e, igualmente, a sua movimentação, podendo o agente criminoso entrar e sair do sistema financeiro, usando de documentos e nomes falsos, com escopo de concretizar a empreitada criminosa, assume os riscos inerentes a atividade de tornar a operação segura e isenta de lavagem de capitais. Sem o banco, sem a conta bancária, o prognóstico de êxito da conduta criminosa no *cibercrime* de leilões virtuais seria zero, o que torna a participação do banco determinante para a operação criminosa.

As teorias da cegueira deliberada e da *conditio sine qua non* são argumentos tonificantes da responsabilidade civil objetiva da instituição financeira, pois o banco queda-se omisso no dever de segurança, facilitando que o dinheiro, proveniente do crime, seja disponibilizado e movimentado, o que incrementa no dano patrimonial do consumidor-vítima, que teve seu dinheiro empregado por criminosos estelionatários.

O dever de segurança, quando rompido pelo banco, atrai a aplicação do fortuito interno, ínsito à atividade bancária que, ao disponibilizar serviços e produtos no mercado, aberto para todos, inclusive para agentes criminosos, está obrigado à reparação civil daqueles que tenha sido vítimas da ação criminosa, encontrando-se o banco, em sua conduta omissiva e abusiva, concatenada no nexo causal entre a conduta criminosa e os danos.

1. Teoria da cegueira deliberada

A *Willful Blindness Doctrine*, ou consciência camuflada, é uma forma de atrair a análise de que o sujeito age, no mínimo, com dolo eventual diante da conduta punível; tapam-se os olhos, como subterfúgio de buscar minimizar ou romper o nexo causal entre a conduta criminosa e o resultado criminoso, porém a conduta de deliberadamente fingir não existir nada de errado ou criminoso é juridicamente relevante, criminal e civilmente.Assim, o sujeito que age deliberadamente na omissão de cautelas e no concatenamento de fatos e condutas de terceiros, na empresa criminosa, igualmente tem conduta enquadrada como dolo eventual.

Na dogmática penal temos que os crimes não podem ser responsabilizados de forma objetiva, devendo existir ou de forma dolosa ou culposa. Nesse contexto, o dolo se bifurca em dolo direto, em que se quer o resultado criminoso, e eventual, em que, embora o agente assuma que o resultado possa ocorrer, busca minimizar sua conduta extravagante. Na cegueira deliberada o agente, que antes não integrava o enlace criminoso, porém, ao se deparar com a execução criminosa, abstém-se de tomar consciência deliberadamente, acreditando piamente que nenhum crime está sendo perpetrado, como no caso de uma concessionária receber indivíduo com maleta cheia de notas de cem reais para adquirir diversos carros, ou, no caso, quando o banco simplesmente negligencia dever de cautela e disponibiliza abertura e fluxo de conta bancária de forma eletrônica.

Vide excerto do acórdão do Habeas Corpus n. 08010049620194050000, 1ª Turma do TRF da 5ª região[1]:

> "O investigado, engenheiro da MELF Construtora (cuja simbiose com a empresa EMN já havia sido demonstrada), na qualidade de engenheiro fiscal, assinou diversos documentos atestando, em favor da EMN Construções, a falsa execução de serviços na Fazenda Soares (termo de aceitação da obra, atestado e planilha de quantitativos), com vistas a fraudar licitações públicas, destacando, ainda, a presença de indícios de que tinha conhecimento das condutas criminosas do grupo investigado (ou, no mínimo, assumiu o risco de que elas estivessem sendo praticadas, em verdadeira cegueira deliberada)".

Outro interessante trecho de julgado do mesmo TRF da 5ª região[2]:

> "Ilegalidade qualificada pelo intuito nocivo do agente público, uma vez que deixou de averiguar, de maneira livre e consciente, numa autêntica cegueira deliberada, a data do recebimento das DCTF's, mesmo quando era possível fazê-la por meio de simples consulta ao sistema informatizado da Receita Federal. Fê-lo por dolo de forma malsão quando se colocou voluntariamente em estado de desconhecimento, ao deixar de diligenciar a (in)tempestividade da entrega das declarações do contribuinte

---

[1] Disponível em: https://pje.trf5.jus.br/pjeconsulta/ConsultaPublica/DetalheProcessoConsulta Publica/documentoSemLoginHTML.seam?idProcessoDocumento=a1fccccbe260936f9d608de02ab3167a, acessa--do em 17/04/2020.
[2] Disponível em: https://www4.trf5.jus.br/data/2019/03/ESPARTA/00058476320144058100-01_20190329_8094702.pdf, acessado em 17/04/2020.

> *que chegaram a ele - ao auditor fiscal - sem data e por meio de disquete, ainda que essa informação pudesse ser colhida do sistema informatizado da receita federal, optando por situação que lhe rendeu a percepção de vantagem indevida em dinheiro".*

Não se espera que o agente, que se omite de forma deliberadamente, dentro dos padrões de boa-fé objetiva, não atraia para si a responsabilidade criminal e, também, civil da conduta que ensejam danos indenizáveis. O banco tem conduta omissiva quando alguém abre uma conta pela *internet* e, dessa conta, recebe valores significativos. É dever do banco sustar os valores, comunicando à autoridade competente, para se averiguar a origem dos valores. Ora, quando os fraudulentos leilões virtuais de veículos ocorrem, os consumidores-vítimas transferem o valor do ilusório bem arrematado para a conta indicada pela organização criminosa, tendo essa conta bancária sido aberta pela *internet*. O escoamento do dinheiro obtido de forma ilícita, é facilmente movimentado pelos criminosos, que usam, inclusive, documentos e dados falsos de terceiros. O banco torna a ação criminosa com aparência de legitimidade, facilitando no branqueamento dos valores.

O banco que assim se omite, camuflando-se, escondendo-se, buscando uma forma de romper o elo causal, mas sem se importar com o resultado, deveras adentra na cadeia causal da conduta criminosa com resultado consumado ou, no mínimo, tentado.

Na seara da responsabilidade civil da instituição financeira, que se omite no dever de segurança e de transparência, notadamente na atualidade, em que a abertura de conta bancária é possível por meio eletrônico, torna-se realidade para os criminosos, voltados aos crimes de colarinho branco, que não usam violência diretamente, fazer uso desse mecanismo eletrônico para abrir contas, usando de documentos de terceiros, para receber e movimentar valores obtidos por meio de leilões virtuais fraudulentos, por exemplo.

Essa omissão da instituição financeira é típica de atração da teoria da cegueira deliberada em que o próprio setor de segurança do banco suspeita da atividade da conta, porém, nenhum ato concreto é externado, deixando que o dinheiro entre na conta, permaneça a disposição e seja movimentado. Certamente os criminosos não abrem somente uma conta bancária para essas operações, mas se utilizam de documentos de terceiros para abrir novas contas eletrônicas para escoar o proveito criminoso, para cada investida e golpe.

O banco tem conhecimento real de quem está abrindo conta por meio eletrônico, permitindo que esse canal seja empregado para fruir valores ilícitos oriundos do cometimento de *cibercrimes* de leilões virtuais de veículos; e esse conhecimento real é fecundo para determinar que o banco é indispensável ao êxito crimino, portanto, elo essencial ao nexo causal entre a conduta criminosa e o proveito ilícito, devendo vir a ser obrigado a indenizar os danos que os consumidores-vítimas, no caso, os lesados em leilões de veículos, que transferiram valores para contas junto aos bancos Santander e Itaú, sejam ressarcidos por estes bancos.

Não há que se arguir exclusão de responsabilidade por fato de terceiro, haja vista que o relacionamento bancário se deu por meio eletrônico, em que criminosos abrem contas bancárias e fazem fruir numerários, tudo eletronicamente, porém com a chancela e conhecimento real do banco. O banco não obterá êxito em demonstrar que o consumidor-vítima agiu negligentemente, que o produto e serviço bancários não foram disponibilizados pelo banco, e que o produto e serviço bancários não foram defeituosos. A forma como abriram as contas bancárias e usaram para movimentar o dinheiro criminosamente auferido, é uma forma de atração da responsabilidade civil da instituição financeira.

O banco que disponibiliza plataforma para abrir conta eletronicamente, está agindo dentro do exercício regular de um direito, porém, como é cediço, o abuso de direito e a criação de um risco devem ser de inteira responsabilidade da instituição financeira que assim age, pois o abuso de direito também enseja ilícito passível de indenização, conforme preconiza o Código Civil:

> "Art. 187. Também comete ato ilícito o titular de um direito que, ao exercê-lo, excede manifestamente os limites impostos pelo seu fim econômico ou social, pela boa-fé ou pelos bons costumes".

Na senda de GONÇALVES, temos sobre o abuso de direito:

> "A doutrina do abuso de direito não exige, para que o agente seja obrigado a indenizar o dano causado, que venha a infringir culposamente um dever preexistente. Mesmo agindo dentro do seu direito, pode, não obstante, ser responsabilizado. (2007, p. 463)".

Diante desse quadro, pois, não há titubeios que o banco se omite, atraindo a aplicação da doutrina da cegueira deliberada na seara cível, haja vista que não se concebe que o banco, dotado de mecanismos e protocolos de segurança, jamais tenha se atentado que, ao disponibilizar a abertura de conta eletronicamente, está a permitir que criminosos possam abrir contas e movimentar valores, sem riscos. O banco aufere lucros por meio de tarifas, quando os criminosos movimentam valores. *Ubi commoda, ibi incommoda*, ou seja, quem aufere os bônus também deve suportar os ônus, incômodos da operação que lesou consumidores.

Ora, além dos benefícios que o banco aufere quando disponibiliza plataforma eletrônica para abrir contas e movimentá-las, também há que se presumir que agentes criminosos possam fazer uso dessa modernidade e facilidade, assegurando o proveito criminoso, como o recebimento de valores ilícitos oriundos de *cibercrime* dos leilões virtuais de veículos que os sítios eletrônicos Splanada Leilões, Pátio Leilões, Caoa Leilões, Nascimento Leilões, Laerte Leilões, dentre outros, estavam na *farra* de lesar interessados em arrematar veículos, auferindo milhares de reais com essas operações, todas movimentadas por meio de bancos. Os sítios eletrônicos suso mencionados não mais existem (nada impedindo que os criminosos criem outros domínios, o que deve ser monitorado diuturnamente), pois, por iniciativa do autor do presente trabalho, foram periciados e indisponibilizados, existindo processo crime tramitando sob segredo de justiça na Comarca de São Paulo-SP, em março de 2020.

Com isso, da análise da norma bancária, temos o que a Resolução nº 4.753[3], de 26 de setembro de 2019 do Banco Central do Brasil

> Art. 3º A abertura e o encerramento de conta de depósitos podem ser realizados com base em solicitação apresentada pelo cliente por meio de qualquer canal de atendimento disponibilizado pela instituição financeira para essa finalidade, inclusive por meios eletrônicos, não se admitindo o uso de canal de telefonia por voz.
>
> Parágrafo único. Para efeitos desta Resolução, consideram-se meios eletrônicos os instrumentos e os canais remotos utilizados para comunicação e troca de informações, sem contato presencial, entre clientes e as instituições.

Ora, a instituição financeira, acompanhando o avanço tecnológico, traz fomento para que a abertura de conta bancária seja possível pelos canais digitais, ou seja, abre o leque para

---

[3] Disponível em: https://www.bcb.gov.br/pre/normativos/busca/downloadNormativo.asp?arquivo=/Lists/Normativos/Attachments/50847/Res_4753_v1_O.pdf, acessado em 16/09/2020.

que criminosos atuem com mais sagacidade na aplicação do golpe e escoamento do fluxo de proveito ilícito dos golpes de falsos leilões.

Notório que, quando o banco *x* informa ao correntista que a conta destinatária do numerário da transação de leilão é suspeita de fraude, eis que o dever de segurança do banco deveria ser estornar o valor e, consequentemente, impedir que o correntista possa executar a tarefa de transferir valores, ou seja, o banco do consumidor-vítima e o banco do destino do proveito ilícito, têm mais capacidade de impedir a consumação do crime do que o próprio consumidor vítima. Nesse cenário, o consumidor-vítima torna-se vítima duas vezes: uma pelos criminosos e, outra, pela instituição financeira que se queda inerte diante a informação de que a conta destinatária é suspeita de fraude.

2. *conditio sine qua non*

A teoria das condições anteriores é uma forma de analisar o panorama da relação causal entre a conduta externada no mundo fenomênico, e o resultado danoso suportado pela vítima. Perquire-se, nessa explanação, se determinada conduta comissiva ou omissiva foi um elo do evento danoso. Assim, para romper com a cronologia *ad infinitum*, essa teoria atrai somente elementos atuais e que determinaram direta ou indiretamente o êxito criminoso.

Obtempera BITENCOURT sobre a teoria da *conditio sine qua non*:

> *"Para que se possa verificar se determinado antecedente é causa do resultado, deve-se fazer o chamado juízo hipotético de eliminação, que consiste no seguinte: imagina-se que o comportamento em pauta não ocorreu, e procura-se verificar se o resultado teria surgido mesmo assim, ou se, ao contrário, o resultado desapareceria em consequência da inexistência do comportamento suprimido. Se se concluir que o resultado teria ocorrido mesmo com a supressão da conduta, então não há nenhuma relação de causa e efeito entre um e outra, porque mesmo suprimindo esta o resultado existiria. (2016, p. 319)".*

A relação de causa e feito, o nexo causal entre conduta comissiva ou omissiva e resultado, é de importância determinante, tanto para a responsabilidade civil subjetiva, quanto objetiva, sendo que o nexo causal é ínsito em ambas as teoria da responsabilidade civil, não havendo como existir a responsabilidade absoluta e integral pelo fato ocorrido.

No caso em apreço dos leilões fraudulentos por meio de sítios eletrônicos, se o banco disponibiliza canal na *internet* para abrir conta digital, em que se necessita de dados pessoais e o envio de documentos por meio eletrônico, cria-se, no mercado bancário uma forma de se esvair numerários auferidos de forma ilícita. Os reportados leilões fraudulentos de veículos recuperados de financiamento, em que os criminosos disponibilizavam catálogo de veículos, valor do lance, logotipo de empresa comitente, logotipo do Tribunal de Justiça do Estado de São Paulo, nome de leiloeiro oficial do Estado, enfim, um *mix* de informações que espancam qualquer dúvidas naquele que estava a procurar arrematar um veículo.

Ocorre que o leilão é um meio de aplicar estelionato, falsidade ideológica, crime de organização criminosa, de lavagem de dinheiro, em que os criminosos simulam perfeitamente o termo de arrematação do lote, com dados bancários de conta junto ao banco Santander ou Itaú, como deveras ocorreu; o lesado faz a transferência para a conta bancária informada e, pronto, o crime se consuma. Com isso, o êxito criminoso: o dinheiro foi disponibilizado em conta bancária aberta de forma legítima, usando os criminosos dados e documentos de terceiros, que sequer tem conhecimento de que uma conta foi aberta e movimentada, branqueando o dinheiro por meio do banco.

O elo "abertura de conta bancária" foi determinante para que o resultado e empreitada criminosa fossem bem sucedidas. Sem a conta bancária os criminosos não teriam como receber o proveito ilícito. A cilada, sim, está perfeitamente ordenada e lógica no sítio eletrônico da organização criminosa, porém a forma como o dinheiro é movimentado, não seria possível se o banco não disponibilizasse esse canal de singela utilização por qualquer pessoa, basta ter dados e seguir o passo-a-passo no sítio eletrônico do banco.

Sem titubeios, quando o banco facilita na abertura de conta bancária por meios eletrônicos, enseja um possível acidente de consumo entre a conduta criminosa e a vítima do crime de estelionato. O acidente de consumo para o terceiro é presente quando se analisa que o serviço ou produto do banco, *a abertura de conta bancária de forma singela*, infringiu o dever de segurança ínsito a todas as relações de consumo e a expectativa do terceiro, o lesado, de que se existe uma conta bancária é porque os protocolos de segurança foram cabalmente cumpridos e observados; porém, não é o que ocorre diante de uma conta digital aberta por criminosos.

Na lição de MARQUES temos explanação da responsabilidade civil objetiva nos acidentes de consumo, e o terceiro, *in casu*, a vítima, indiretamente faz parte da relação de consumo:

> "A responsabilidade objetiva nos acidentes de consumo envolvendo serviços, fato do serviço: a responsabilidade imposta pelo art. 14 do CDC é objetiva, independe de culpa e com base no defeito, dano e nexo causal entre o dano ao consumidor-vítima (art. 17) e o defeito do serviço prestado no mercado brasileiro. Com o CDC, a obrigação conjunta de qualidade-segurança, na terminologia de Antônio Herman Benjamin, isto é, de que não haja defeito na prestação do serviço e consequente acidente de consumo danoso à segurança do consumidor, é verdadeiro dever imperativo de qualidade. (2016, p. 558)".

Na disposição do CDC temos em seu art. 17 que se equiparam a consumidor todas vítimas do evento.

> "Art. 17. Para os efeitos desta Seção, equiparam-se aos consumidores todas as vítimas do evento".

No escólio de MARQUES, temos comentários sobre o dispositivo legal acima transcrito:

> "Logo, basta ser "vítima" de um produto ou serviço para ser privilegiado com a posição de consumidor legalmente protegido pelas normas sobre responsabilidade objetiva pelo fato do produto presente no CDC. (2016, p. 652)".

O banco se omite em sua obrigação/dever[4] de *Conheça seu Cliente*, exemplificativamente, deve conter as seguintes informações:

> "Dados de identificação do cliente;
>
> Descrição sobre a situação financeira do cliente;
>
> Relato sobre as atividades profissionais do cliente (no Brasil e no Exterior);
>
> Relato sobre as atividades profissionais e empresarias da família do cliente;
>
> Relato sobre a capacidade financeira presumível do cliente e sua capacidade de investimento;

---

[4] Disponível em: http://www.abbi.com.br/praticasdeprevencao.html#indicador05, acessado em 16/04/2020

> Descrição sobre o relacionamento com o responsável de Conta;
>
> Relato de como foi o processo de prospecção do cliente;
>
> Relato sobre as referências pessoais e profissionais analisadas;
>
> Relato sobre as principais instituições financeiras utilizadas pelo cliente;
>
> Quantificar em percentual a composição patrimonial do cliente, distribuída em imóveis rurais, urbanos e comerciais, e em aplicações financeiras de renda fixa, variável;
>
> Declaração assinada pelo responsável da conta, afirmando ter visitado e conhecido o cliente e que está confortável com a sua reputação e origem de seu patrimônio, de acordo com a due dilligence por ele efetuada e que durante as visitas realizadas às instalações do cliente, nenhuma irregularidade foi constatada".

O *know your employee* é o procedimento de *Conheça seu Cliente*, sendo uma recomendação do Comitê de Basiléia, na qual os bancos devem estabelecer um conjunto de regras e procedimentos bem definidos com o objetivo de "Conhecer Seu Cliente, buscando identificar e conhecer a origem e constituição do patrimônio e dos recursos financeiros do cliente.

Na ementa do acórdão da Ação Penal n. 470 - EI-décimos segundos / MG - MINAS GERAIS[5], de Relatoria do Min. Luiz Fux, temos elucidativa inserção e dinâmica da lavagem de capitais, de como é imprescindível a união de elos de branqueadores de capitais para êxito na operação ilícita:

> "Ementa: 1) direito penal. crime de lavagem de dinheiro. configuração do delito e presença dos requisitos para a condenação do embargante. 2) a lavagem de dinheiro é entendida como a prática de conversão dos proveitos do delito em bens que não podem ser rastreados pela sua origem criminosa. 3) a dissimulação ou ocultação da natureza, origem, localização, disposição, movimentação ou propriedade dos proveitos criminosos desafia censura penal autônoma, para além daquela incidente sobre o delito antecedente. 4) o delito de lavagem de dinheiro, consoante assente na doutrina norte-americana (money laundering), caracteriza-se em três fases, a saber: a primeira é a da "colocação" (placement) dos recursos

---

[5] Disponível em: http://redir.stf.jus.br/paginadorpub/paginador.jsp?docTP=TP&docID=5762408, acessado em 16/04/2020.

derivados de uma atividade ilegal em um mecanismo de dissimulação da sua origem, que pode ser realizado por instituições financeiras, casas de câmbio, leilões de obras de arte, dentre outros negócios aparentemente lícitos. após, inicia-se a segunda fase, de "encobrimento", "circulação" ou "transformação" (layering), cujo objetivo é tornar mais difícil a detecção da manobra dissimuladora e o descobrimento da lavagem. por fim, dá-se a "integração" (integration) dos recursos a uma economia onde pareçam legítimos. 5) in casu, o acervo probatório dos autos revela que o embargante tinha pleno conhecimento da utilização das empresas bônus banval e natimar negócios e intermediações ltda. para a prática do crime de lavagem de dinheiro. ademais, o embargante recebeu, por meio de terceiros, repasses de saques efetuados no banco rural. 6) in casu, as condições materiais em que praticado o delito encerram motivos suficientes para se concluir que o agente desejava ocultar ou dissimular a natureza, origem, localização, disposição, movimentação ou propriedade do numerário, em relação ao qual, também pelas circunstâncias objetivas dos fatos provados, revelaram que o réu sabia que o numerário era proveniente, direta ou indiretamente, de crime. 7) embargos infringentes a que se nega provimento".

Assim, pois, a instituição financeira que *facilita* na abertura de contas digitais, fomentando que criminosos possam utilizar documentos e dados de terceiros e passam a disponibilizar de conta bancária para que os lesados transfiram valores para essas contas e, imediatamente, os criminosos conseguem dar vazão aos valores, transferindo para outras contas ou sacando valores, o banco tem responsabilidade civil pela omissão ilícita. Esse elo branqueador da conta digital, se o banco fosse mais rígido com a recomendação do *conheça seu cliente*, certeza dificultaria na abertura de contas e não haveria o escoamento de valores por aplicativos.

A omissão danosa do banco é latente, que deixa de criar e manter protocolos de segurança àqueles que criam conta dessa forma, eletronicamente, sendo, inclusive, um elo branqueador do crime de lavagem de dinheiro, pois, sem a conta bancária os criminosos não conseguiriam obter êxito no golpe de leilões virtuais, *exempli gratia*. No quesito colocação e circulação, o banco, diante sua omissão, tem papel primordial na empresa criminosa, o que endossa a tese de que há responsabilidade civil objetiva da instituição financeira quando os criminosos tenham aberto conta bancária de forma "facilitada" para escoar o proveito ilícito.

No âmbito do Superior Tribunal de Justiça temos a súmula n. 479 sobre o fortuito interno na operação bancária e que, desse fato do serviço, caso enseje danos ao consumidor, a responsabilidade é objetiva:

> *"Súmula 479 - As instituições financeiras respondem objetivamente pelos danos gerados por fortuito interno relativo a fraudes e delitos praticados por terceiros no âmbito de operações bancárias".*

No caso dos leilões virtuais e que se utilizaram de contas abertas por meios eletrônicos, vide que o fortuito interno a que se atrai é a disponibilidade do serviço de abertura de conta bancária digitalmente, proporcionando comodidade aos criminosos que se quer vão à agência bancária para movimentar a conta, tudo ocorrendo de forma expedita pelos aplicativos e *internet*. Assim, a geração do fortuito interno é ínsito ao serviço bancário disponibilizado para que criminosos possam obter segurança e proveito na movimentação financeira.

Houve falha bancária no dever de segurança quando numerários são movimentados das vítimas para as contas abertas por meio eletrônico, sem que o banco externe mecanismo de contenção e sustação para impedir que a fraude se consuma.

Na seara processual civil, o ônus da prova do banco deverá ser invertido, sendo prova diabólica para o consumidor-vítima evidenciar nos autos que o banco utilizou ou não todos os protocolos de defesa e segurança com escopo de evitar que os criminosos tenham aberto conta bancária e que movimentaram os valores transferidos para essas contas sem atrair a atenção da origem daqueles numerários.

Como o banco deveras infringiu dever de cuidado e de segurança quando disponibiliza a abertura de contas eletronicamente, o seu ônus da prova centra-se em demonstrar que o serviço foi prestado dentro das condições normais, o que será impossível o banco se desvencilhar desse encargo processual, pois os criminosos utilizaram-se de documentos de terceiros para abri conta eletronicamente, passando, com isso, a movimentar valores auferidos no cometimento de cibercrimes.

O magistrado, ao inverter o ônus da prova, com arrimo no art. 6º, inc. VIII do CDC, retirará o complexo e impossível dever do consumidor-vítima evidenciar que o banco agiu de forma omissa e negligente, sendo esse ônus transferido para o banco.

Vide o que TARUFFO elucida sobre o ônus da prova:

> *"A função do princípio do ônus da prova é permitir ao tribunal resolver o caso quando os fatos principais não forem provados. Por essa razão, as regras nas quais se articula o princípio definem-se na Alemanha como Hilfsmitteln ou como Operationsregeln, previstas somente para o caso de falta de prova dos fatos. Em uma perspectiva diferente, porém convergente, essas regras são estabelecidas como critérios acerca do "risco de não persuasão", uma vez que preveem as consequências do não convencimento do tribunal acerca da ocorrência de um fato principal. Segundo uma eloquente definição, essas regras são uma ponte entre a situação de ausência de provas e a aplicação da norma substantiva que rege o caso, porque evitam que o tribunal o decida indevidamente aplicando-a em uma situação na qual não poderia. O princípio do ônus da prova é também um recurso para se resolver a incerteza da prova dos fatos principais: ante a incerteza, os fatos são considerados inexistentes. (2014, p.143)".*

Sobre a inversão do ônus da prova, obtempera NEVES:

> *"Nas relações consumeristas, entretanto, é preciso lembrar que existem dois requisitos para a inversão do ônus da prova que, segundo a doutrina majoritária, são alternativos, bastando a presença de um deles para que se legitime a inversão do ônus probatório. Dessa forma, ainda que não presentes as condições de hipossuficiência técnica, que legitimaria a aplicação da distribuição dinâmica do ônus da prova ao caso concreto, mas sendo verossímil as alegações do consumidor, a inversão será justificável. O art. 6º, VIII do CDC, portanto, sobrevive, ainda que parcialmente, diante do Novo Código de Processo Civil. (2016, p. 660)".*

Ora, diante desse quadro sistemático e de diálogo de fontes, eis que a responsabilidade civil objetiva do banco é aplicada por fato do produto e serviço disponibilizado, tendo ensejado e fomentado para que o consumidor-vítima tenha sido lesado, havendo nexo causal entre a conduta omissiva e negligente do banco ao disponibilizar abertura de conta e movimentação da mesma de forma eletrônica, o que contribui definitivamente para o êxito criminoso e lavagem do dinheiro auferido de forma ilícita.

Capítulo II - A Responsabilidade civil da certificadora de site seguro por crimes ocorrido em falsos leilões de veículos.

No intróito do presente capítulo temos que o consumidor, ao decidir adquirir veiculo em leilão virtual, é atraído por diversos itens de segurança para se relacionar com o site, dentre eles, como se observa na maioria dos sítios eletrônicos falsos de leilões virtuais, a inserção do selo de autenticidade de site seguro pela empresa *Alfa*, como determinante para que o consumidor se desarme do alerta de que está diante um golpe.

Com isso, a certificadora exerce potencial e determinante influência no âmago e psique do consumidor quando este se decide pela oferta de lance em leilão virtual. Sem sombra de dúvidas, se o consumidor acessasse site de leilão de veículos e nada visualizasse quanto a critérios de segurança, como ausência de certificação de site seguro, este decidiria por sair da página maliciosa.

Os criminosos que atuam nesse segmento de crimes já estão experts de que todos os pormenores são determinantes para ludibriar o consumidor, notadamente o chamariz de que o site tem selo de autenticidade e que o pode se relacionar sem receios de que a página é falsa.

No art. 8º do código brasileiro de autorregulamentação[6] preconiza sobre a publicidade como elemento de persuasão ao público:

> **Artigo 8º - <u>O principal objetivo deste Código é a regulamentação das normas éticas aplicáveis à publicidade e propaganda, assim entendidas como atividades destinadas a estimular o consumo de bens e serviços</u>**, bem como promover instituições, conceitos ou idéias. (Destaques nosso).

Ora, em sendo a conceituação acima exemplar de que a publicidade ela abrange a dimensão além do próprio produto ou serviço disponibilizado ao consumidor, eis que

---

[6] Disponível em: http://www.conar.org.br/codigo/codigo.php, acessado em 16/09/2020.

quando a marca é disposta, atrelada, a um determinado produto, o consumidor avalia sob outro prisma se o produto *x*, por estar atrelado a marca *z*, é melhor ou mais confiável.

Assim, a publicidade de um lote em site de leilão virtual de veículos, quando traz em si o selo de autenticidade e de que o site a que o consumidor estar se relacionando é *confiável*, desperta no consumidor, por mais astuto que seja, a concepção de que o produto disponibilizado é confiável, já que traz na página o selo da certificadora.

Mesmo que a certificadora não tenha conhecimento de que sites maliciosos e criminosos estão inserindo o selo de autenticidade do site, nãos e pode escusar a profundidade da responsabilidade da certificadora, haja vista que a finalidade e atividade econômica da empresa que atua nesse segmento é *dar segurança* de que o site é seguro, portando, na análise do consumidores se torna determinante que o site de leilão virtual não é, *a priori*, fraudulento.

Como é cediço, o objeto da certificadora não é leilão de veículos no *ciberespaço*, contudo, quando se comercializa *a confiança*, como no selo de site seguro, torna-se um dever anexo de segurança da certificadora manter o site seguro, não para os criminosos que contrataram e pagaram o valor cobrado pela certificadora, porém acima de tudo, em relação ao consumidor que vai se relacionar na página que traz em si o selo de *site seguro*.

Não há como ditirmir ou minimizar a responsabilidade independente de culpa da certificadora, com esteio na normologia e principiologia do Código de Defesa do Consumidor.

Na esteira da doutrina de **Cláudia Lima Marques** (Comentários ao Código de Defesa do Consumidor, artigo por artigo, 5ª edição, 2016, p. 996), quando tece comentário sobre a publicidade, eis que:

> Preferimos, porém, entender como publicidade, no sistema do CDC, toda informação ou comunicação difundida com o fim direto ou indireto de promover, junto aos consumidores, a aquisição de um produto ou a utilização de um serviço, qualquer que seja o local ou meio de comunicação utilizado.

Como dito alhures, quando o consumidor está apreciando o lote *Beta* do leilão virtual Pátio Leilões, por exemplo, e verifica que existe um selo de autenticidade de que o site é confiável, é seguro, sem titubeios, o consumidor rende-se e aprecia com outros olhos a possibilidade de dar o lance, arrematar e transferir valores para consecução do fechamento do arremate do lote do veículo. Ora, nem sabia o consumidor que o site era um meio de aplicar fraudes.

Não importa se a certificadora analisa o objeto social do contratante (no caso, os criminosos e operadores do site falso). Porém, sob o prisma da responsabilidade civil, quem aufere os bônus (receber valores do contratante) deve suportar os ônus (prejuízos suportados por consumidores). É a máxima *ibi comooda, ubi incommoda*.

Há, sim, publicidade da empresa certificadora quando estampa o selo de segurança ao consumidor. Não que negar a extensão da empresa quando o consumidor mira seu olhar no selo, o que automaticamente proporciona ares de segurança ao consumidor para ofertar lances no ambiente do site de leilão falso.

Como reflexão da dimensão do anúncio do propagador da publicidade, eis que o CONAR estabelece:

> **Artigo 45** - A responsabilidade pela observância das normas de conduta estabelecidas neste Código cabe ao Anunciante e a sua Agência, bem como ao Veículo, ressalvadas no caso deste último as circunstâncias específicas que serão abordadas mais adiante, neste Artigo:
>
> a. o Anunciante assumirá responsabilidade total por sua publicidade;
>
> b. a Agência deve ter o máximo cuidado na elaboração do anúncio, de modo a habilitar o Cliente Anunciante a cumprir sua responsabilidade, com ele respondendo solidariamente pela obediência aos preceitos deste Código;
>
> c. este Código recomenda aos Veículos que, como medida preventiva, estabeleçam um sistema de controle na recepção de anúncios.
> Poderá o veículo:
> c.1) recusar o anúncio, independentemente de decisão do Conselho Nacional de Autorregulamentação Publicitária - CONAR, quando entender que o seu conteúdo fere,

flagrantemente, princípios deste Código, devendo, nesta hipótese, comunicar sua decisão ao Conselho Superior do CONAR que, se for o caso, determinará a instauração de processo ético;

c.2) recusar anúncio que fira a sua linha editorial, jornalística ou de programação;

c.3) recusar anúncio sem identificação do patrocinador, salvo o caso de campanha que se enquadre no parágrafo único do Artigo 9º ("teaser");

c.4) recusar anúncio de polêmica ou denúncia sem expressa autorização de fonte conhecida que responda pela autoria da peça;

d. o controle na recepção de anúncios, preconizado na letra "c" deste artigo, deverá adotar maiores precauções em relação à peça apresentada sem a intermediação de Agência, que por ignorância ou má-fé do Anunciante, poderá transgredir princípios deste Código;

e. a responsabilidade do Veículo será equiparada à do Anunciante sempre que a veiculação do anúncio contrariar os termos de recomendação que lhe tenha sido comunicada oficialmente pelo Conselho Nacional de Autorregulamentação Publicitária - CONAR.

Como dito linhas atrás, a certificadora aufere lucros quando disponibiliza a certificação de que o site é seguro, não pode se escusar de sua responsabilidade civil pela omissão do dever anexo de segurança e autenticidade para com o consumidor.

Existe omissão por parte da certificadora no seu dever anexo de aferir se deveras o contratante está observando a lei e não está a cometer crimes no *ciberespaço*. Como cediço na jurisprudência:

> Ementa: APELAÇÕES CÍVEIS. PROMESSA DE COMPRA E VENDA. AÇÃO DE INDENIZAÇÃO POR DANOS MATERIAIS E MORAIS. PROPAGANDA ENGANOSA. PRESCRIÇÃO QUINQUENAL. DANO MATERIAL. AUSENCIA DE PROVA. DANO MORAL. OCORRÊNCIA. QUANTUM ARBITRADO. MANUTENÇÃO. SENTENÇA

MANTIDA. I. Prescreve em cinco anos a pretensão de indenização por danos materiais e morais decorrentes de publicidade enganosa – inteligência do artigo 27 do CDC. Precedentes do Superior Tribunal de Justiça. II. É enganosa qualquer modalidade de informação ou comunicação de caráter publicitário, inteira ou parcialmente falsa, ou, por qualquer outro modo, mesmo por omissão, capaz de induzir em erro o consumidor a respeito da natureza, características, qualidade, quantidade, propriedades, origem, preço e quaisquer outros dados sobre produtos e serviços - §1º do artigo 37 do Código de Defesa do Consumidor. In casu, verifica-se dos encartes publicitários colacionados, bem como da prova testemunhal produzida, que a ré empreendedora ofertou imóveis prometendo transporte público acessível, em condomínio fechado, com muros e guarita para vigilante. Ocorre que a infraestrutura prometida, que serviu de 'chamariz' para venda das unidades, não foi minimamente comprovada pela demandada, ônus que lhe incumbia. III. Caracterizada a propaganda enganosa capaz de iludir o consumidor induzindo-o em erro de forma a viciar sua vontade, ocorrente dano indenizável, máxime tratando-se de imóvel residencial de valor considerável. (TJRS, processo n. 0109873-95.2018.8.21.7000, DESA. LIEGE PURICELLI PIRES, 17ª câmara cível, julgado em 20/04/2018).

Com espeque no precedente acima, vide que quando a certificadora disponibiliza ao contratante que o site é seguro, torna-se um chamariz, um atrativo, o que não pode ser descartado que é determinante ao consumidor a volição, ou seja, com o selo de site seguro, para o consumidor, torna-se ausente de vício ou qualquer outra malícia, haja vista que o site está *seguro* pela empresa certificadora.

Ainda, vide que o CDC traz o conceito de publicidade enganosa:

Art. 37. É proibida toda publicidade enganosa ou abusiva.

> § 1° É enganosa qualquer modalidade de informação ou comunicação de caráter publicitário, inteira ou parcialmente falsa, ou, por qualquer outro modo, mesmo por omissão, capaz de induzir em erro o consumidor a respeito da natureza, características, qualidade, quantidade, propriedades, origem, preço e quaisquer outros dados sobre produtos e serviços.

Na liça de CLÁUDIA LIMA MARQUES (*ob. cit.* p. 1007), temos:

> A característica principal da publicidade enganosa, segundo o CDC, é ser suscetível de induzir ao erro o consumidor, mesmo através de suas "omissões". A interpretação dessa norma deve ser necessariamente ampla, uma vez que o erro é falsa noção da realidade, falsa noção esta potencial formada na mente do consumidor por ação da publicidade.

Sob o amparo do CDC, a certificadora se imiscui na cadeia de consumo, portanto, é um fornecedor de um bem, um item de *segurança*, que não pode ser olvidado quando da ponderação da responsabilidade civil face aos prejuízos suportados por consumidores-vítimas de crimes em falsos leilões de veículos.

> Art. 3° Fornecedor é toda pessoa física ou jurídica, pública ou privada, nacional ou estrangeira, bem como os entes despersonalizados, que desenvolvem atividade de produção, montagem, criação, construção, transformação, importação, exportação, distribuição ou comercialização de produtos ou prestação de serviços.
>
> § 1° Produto é qualquer bem, móvel ou imóvel, material ou imaterial.

O dever de qualidade e segurança, mais uma vez, torna-se presente da análise da imputação da responsabilidade objetiva e independente de culpa da certificadora, pois esta tem, em sua finalidade institucional, o gerenciamento de risco na atividade de segurança no *ciberespaço*, portanto, não pode ser transferido ao consumidor o dever de aferir se o site é seguro ou não, já que traz como identidade do próprio site, por mais criminosos e malicioso que seja, o selo de site seguro da empresa *alfa*.

O método escolhido pelo sistema do CDC foi positivar um novo dever legal para o fornecedor, um dever anexo, um dever de qualidade. Se a teoria da qualidade se concentra no objeto da prestação contratual (produto e serviço) é porque visualiza o resultado da atividade dos fornecedores de modo a imputar-lhes objetivamente o dever de qualidade dos produtos que ajudam a colocar no mercado. (MARQUES, p. 674).

Como exemplo temos a empresa Sectigo, que é um fornecedor líder em cibersegurança de soluções de identidade digital, incluindo certificados TLS / SSL, DevOps, IoT e gerenciamento PKI de nível corporativo, bem como segurança web em várias camadas. Como a maior Autoridade de Certificados comerciais do mundo, com mais de 700.000 clientes e mais de 20 anos de experiência em confiança on-line, a Sectigo faz parcerias com organizações de todos os tamanhos para fornecer soluções PKI públicas e privadas automatizadas para garantir servidores web, acesso ao usuário, dispositivos conectados e aplicativos. Reconhecida por sua premiada inovação e melhor suporte ao cliente global da classe, a Sectigo tem o desempenho comprovado necessário para garantir o cenário digital de hoje e de amanhã, celebra contrato com a empresa *z,* com objeto volvido para leilão de veículos, torna-se GARANTIDOR de que o site é seguro, ou seja, foi para isso que auferiu lucro.

Existe o nexo causal entre a atividade econômica da empresa certificadora e o site de leilão malicioso e criminoso e o resultado danoso ao consumidor, portanto, dentro do critério de responsabilidade civil que independe de culpa, eis que a relação causal encontra-se presente como elo de instigação, o chamariz, ao consumidor que pretende dar lance em leilão virtual.

Capítulo III - Responsabilidade civil do Estado

A Constituição Federal de 1988 sobre o tema da segurança pública, notando-se que existe um comando constitucional que é dever do Estado empregar esforços no sentido de preservar a ordem e segurança das pessoas e do patrimônio, sendo que qualquer omissão que venha a distanciar desse desiderato tem-se a responsabilidade civil.

> Art. 144. A segurança pública, dever do Estado, direito e responsabilidade de todos, é exercida para a preservação da ordem pública e da incolumidade das pessoas e do patrimônio, através dos seguintes órgãos:
>
> I - polícia federal;
>
> II - polícia rodoviária federal;
>
> III - polícia ferroviária federal;
>
> IV - polícias civis;
>
> V - polícias militares e corpos de bombeiros militares.
>
> VI - polícias penais federal, estaduais e distrital.

Ainda, mais pontual é a situação vexatória de que organizações criminosas se dedicam em aplicar golpes em usuários por meio de leilões virtuais de veículos, inclusive fazendo uso de emblema do Tribunal de Justiça do Estado de São Paulo para assegurar o resultado do crime de estelionato ao ludibriar aqueles que acessam o site de leilão para dar lance, sair vitorioso e transferir valores para os criminosos.

Esse esquema é de fácil monitoramento e coordenação da equipe de inteligência da Secretaria de Segurança Pública do Estado de São Paulo. Portanto, o dever institucional é omitido pela instituição segurança pública que pode se antecipar, inclusive inserir agentes para ofertar lances em leilões, obter IPs e endereços MACs, obter dados, enfim, existe uma gama de ações preventivas que segurança pública, na seara de inteligência, poderia adotar e não o faz, ensejando que dezenas de usuários que acessaram os sites maliciosos foram vítimas de crimes.

Como é cediço, o ônus da prova repousa em face do ente estatal para amealhar elementos de provas e conduzir os criminosos à Justiça Criminal e, também, é interesse das vítimas o direito fundamental de produzir provas e a expectativa de obter o ressarcimento dos prejuízos suportados, o que o Estado está se omitindo, repita-se, e ceifando essa garantia e corolário do direito de ação.

Em que pese a polícia civil do Estado de São Paulo asseverar que vem "investigando" os criminosos que obtiveram êxito no proveito criminoso, eis que agir posteriormente ao prejuízo material suportado pelas vítimas não cria uma blindagem para o dever de indenizar as vítimas.

Vide situação esdrúxula e atípica em que uma vítima incita o órgão do Ministério Público de São Paulo, por meio do gaeco *cyber*, para investigar e envidar esforços no sentido de coibir a ação criminosa de diversos sites de leilões virtuais, inclusive municiou o órgão do MP com informações de telefones, contas bancárias, dados de IPs e endereços MACs, enfim, uma gama de dados que o MP poderia ter acolhido a denúncia e suporte ofertados pela vítima e deflagrado operação para coibir e capturar os criminosos e, quiçá, recuperar ativos. Assim, após meses esperando resposta da ação policial e do MP de São Paulo, a vítima ajuíza pedido sob o n. 1000974-69.2020.8.26.0050, que foi distribuído para 2ª vara de combate ao crime organizado da Capital, com pedido de obtenção de provas para localizar e segregar criminosos nos crimes previstos na lei n. 12.850, lei n. 9.613, pelos crimes de estelionato e falsidade ideológica.

Em decisão de 1º grau o juízo entendeu que não seria possível a vítima exigir a quebra de sigilos e obtenção de dados, que era dever do órgão do MPSP tal investida. Irresignado, a vítima impetrou mandado de segurança n. 2118487-94.2020.8.26.0000 que, até o fechamento da presente edição, encontra-se concluso ao relator para incluir em pauta de julgamento.

Não é comum a vítima ir a juízo requerer a adoção de medidas que são encargos e dever do Estado agir; porém, no caso vergastado, em nenhum momento, houve 1) retorno da polícia civil nem tampouco 2) do órgão do gaeco *cyber*. Não se estava exigindo desses órgãos que revelassem segredos ou sigilos, porém, que desse uma resposta à sociedade de que os criminosos serão localizados e os proveitos dos crimes possam ser restituídos às respectivas vítimas, o que não foi feito.

Nas palavras da Procuradoria-geral de justiça de São Paulo vide que:

> Cuida-se de Mandado de Segurança visando invalidar decisão da autoridade que indeferiu pedido para determinação de produção

antecipada de provas (quebra de sigilos bancário e telefônico, interceptação telefônica e obtenção de dados pessoais dos envolvidos, etc) de crime de estelionato, do qual o impetrante teria sido vítima, praticado por organização criminosa, ato reputado ilegal pela impetração (p. 1/14), postulando-se ordem para "reformar a decisão que indeferiu o pedido" a fim de que "a produção antecipada de prova seja realizada, com a coleta de dados e informações da organização criminosa para fomentar a persecução penal"(p. 14).

A impetração não pode ser acolhida.

Diversamente do afirmado na impetração, inexiste qualquer ilegalidade na decisão da autoridade impetrada (p. 47/48) que indeferiu o pedido do impetrante de "produção antecipada de prova", consistente em determinação de realização de diversas medidas e diligências (dentre as quais quebra de sigilos bancário e telefônico, interceptação telefônica e obtenção de dados pessoais dos envolvidos), diante da absoluta falta de amparo legal da medida postulada, o que implica em inexistência de qualquer direito líquido e certo do impetrante.

Com efeito, ainda que o impetrante tenha sido vítima do noticiado crime de estelionato praticado por organização criminosa — crimes de ação penal pública incondicionada —, a apuração da materialidade e autoria do delito, mediante a utilização dos meios de produção de prova, compete à autoridade policial ou ao órgão do Ministério Público (artigos 4°, 5° e 27, do CPP) através da instauração, respectivamente, de inquérito policial ou de procedimento investigatório criminal, a quem a vítima poderá dirigir requerimento de realização de diligência (art. 14, do CPP).

Não tem a vítima, entretanto, legitimidade para atuar na fase investigatória, de apuração do crime, muito menos para requerer as medidas que dependem de autorização judicial (como quebra de sigilos e interceptação telefônica p. ex.), vez que somente estará legitimada para a propositura da ação penal subsidiária se, após concluídas as investigações e decorrido o prazo legal, houver inércia do Ministério Público (artigos 29 e 30, do CPP), situação não configurada no caso concreto evidentemente.

Enfim, por todos os ângulos que se examine, não se vislumbra qualquer amparo legal para o pretendido pelo impetrante, ou seja, não se constata a existência de qualquer direito individual líquido e certo e, por consequência, nenhuma violação de direito subjetivo pelo ato impugnado na impetração.

Portanto, o ato impugnado, legalmente praticado, não consubstanciou violação de qualquer direito líquido e certo do impetrante. Pelas razões expostas, manifesto-me pela denegação da ordem pretendida.

São Paulo, 16 de julho de 2020

Maurício Augusto Gomes

Procurador de Justiça

Há, no caso, omissão do Estado em coibir a ação livre desses criminosos que semanalmente criam sites falsos de leilões virtuais de veículos e operam livremente, sem a pronta prevenção do Estado, como medidas simples de desativar o sítio eletrônico, ou mesmo inserir agentes para ofertar lances, dentre outros atos. Dessa omissão já ensejaram prejuízos. O proveito criminoso de colarinho branco mais rápido e articulado de dar golpes em vítimas.

Obtempera JOSÉ DOS SANTOS CARVALHO FILHO (Ob. cit. p. 599):

> Outra hipótese reside na omissão do Estado, quando devidamente e comprovadamente advertido da possibilidade de ocorrer fato causador dos danos. Mesmo que o fato provenha de terceiros, o certo é que conduta diligente do Estado poderia ter impedido a sua ocorrência. Aqui a responsabilidade civil do Estado pela omissão é concreta, não podendo fugir à obrigação de reparar os danos.

Em precedente do Tribunal de Justiça do Rio Grande do Sul temos que:

> Ementa: RECURSO INOMINADO. AÇÃO INDENIZATÓRIA. MUNICÍPIO DE SANTA MARIA. IMPOSIÇÃO DE MULTA INDEVIDA. INSCRIÇÃO DO NOME NOS ÓRGÃOS DE PROTEÇÃO AO CRÉDITO. CONFIGURADO O DEVER DE INDENIZAR. DANO MORAL - A responsabilidade civil do Estado (latu sensu) é, em regra, objetiva, em razão da adoção da Teoria do Risco Administrativo pelo artigo 37, § 6º, da CRFB. Por outro lado, haja vista que nem toda conduta omissiva do Estado revela desídia no cumprimento de um dever legal, a responsabilidade civil do Estado em caso de omissão só se verificará quando a reconstrução fática retratar a presença dos elementos da culpa lato sensu, ou, na linha da dogmática francesa representada pela teoria da falha do serviço (faute du service), a demonstração de que houve 'culpa administrativa'. No caso dos autos, restou devidamente comprovado que a demandante apresentou o laudo técnico das

condições de marquises, avanços e outros que se projetem sobre o passeio público dentro do prazo constante na notificação nº 017539 (fl. 07), de 30 dias. No entanto, por interpretação, o Município entendeu que a apresentação do laudo foi intempestiva, impondo à autora uma multa, que resultou na inscrição do seu nome nos órgãos de proteção ao crédito. Destarte, uma vez evidenciado que a imposição da multa foi indevida, restou configurado o agir ilícito do réu, pela falha no serviço, o que impõe o dever de indenizar. Sentença mantida no ponto. QUANTUM INDENIZATÓRIO - Em relação ao valor indenizável, pesa certificar que há de ser fixado em consonância com o poderio econômico do requerido, para que não perca o seu caráter de sanção, vez que a pena deve sempre trazer uma desvantagem maior que a vantagem auferida pelo crime/ilícito, para que exerça a prevenção sobre o ato danoso (Teoria da Prevenção). Portanto, se é certo que o dano é irreparável, é justo que haja ao menos uma compensação em virtude do erro do demandado, compensação esta vai majorada para R$ 5.000,00 (cinco mil reais), quantia que se mostra suficiente a indenizar o dano sofrido. RECURSO DO RÉU DESPROVIDO E RECURSO DA AUTORA PROVIDO. UNÂNIME.(Recurso Cível, Nº 71006633820, Segunda Turma Recursal da Fazenda Pública, Turmas Recursais, Relator: Mauro Caum Gonçalves, Julgado em: 26-04-2017).

Por todos os ângulos que se olhe, vislumbra-se a responsabilidade civil do Estado pela omissão no dever de segurança pública, no que tange a 1) omissão na pronta deflagração de operação policial e com participação do gaeco do MPSP, 2) o desdém e pouca valia dado ao pleito da vítima para que investiguem, pedido esse formulado em março de 2020, sendo que desse lapso temporal inúmeras outras vítimas foram prejudicadas pela ação dessas organizações criminosas que agem, repita-se livremente, seja pela criação de sites, seja pela liberdade em se propagar em redes sociais, atraindo a atenção de consumidores para ofertar lances.

Trazendo à lume o comando constitucional insculpido no art. 37, §6º:

> Art. 37. A administração pública direta e indireta de qualquer dos Poderes da União, dos Estados, do Distrito Federal e dos Municípios obedecerá aos princípios de legalidade, impessoalidade, moralidade, publicidade e eficiência e, também, ao seguinte:

> § 6º As pessoas jurídicas de direito público e as de direito privado prestadoras de serviços públicos responderão pelos danos que seus agentes, nessa qualidade, causarem a terceiros, assegurado o direito de regresso contra o responsável nos casos de dolo ou culpa.

Os critérios para se responsabilizar o Estado de São Paulo, por ser nesse Estado que ocorrem as práticas criminosas, são clarividentes, pois existe nexo causal entre a omissão do Estado no dever de segurança pública e os resultados danosos a que dezenas de vítimas passam e, ainda, pela omissão no dever de informar aos cidadãos, de forma massiva e constante, sobre as práticas criminosas em leilões virtuais de veículos.

A dinâmica de responsabilidade civil do Estado pela omissão é notória quando uma das vítimas se exsurge para exigir do Estado que reprima, investigue, enfim, que adote medidas para impedir o êxito dessas organizações criminosas. O próprio pleito formulado na via judicial, e que também foi negado, registre-se, já atrai indícios de que houve omissão por parte do ente estatal para exercer a dinâmica e mister de segurança pública.

Capítulo IV – Teoria *Follow the money*

A teoria *follow the Money* é um juízo instrumental plenamente aplicável na abordagem e persecução de esquema de desvio de verbas, corrupção, beneficiamentos ilícitos, caixas dois e qualquer outra forma de aproveitamento ilícito. O dinheiro sempre deixa rastros. Terceiros estranhos às transações são os primeiros a atraírem a investigação criminal e na fiscalização.

Integrantes de organizações criminosas, ocupantes de cargos públicos, jamais destinarão o produto da investida ilícita para si, cabendo a camuflagem em nome de terceiros, para escoar as *vantagens* oriundas de facções criminosas, de redes de distribuição de armas, munições, drogas, prostituição, todos com o fim especial: auferir lucro e movimentar valores, bens e direitos.

Desse amálgama de movimentações, condutas, transações que se concretizam por meio de operações bancárias, fiscais, telemáticas; da orquestração de crimes e seus reflexos, seus mentores destinam o proveito criminoso na inserção, ocultação, camuflagem e circulação do esquema negro, buscando formas de branquear.

Com isso, exsurge a indispensável concretização da teoria *Follow the Money* como forma de captar os agentes envolvidos na empresa criminosa e seus elementos de conexões, tornando a persecução criminal exitosa, encontrando solo fértil para se percorrer após a decisão do Supremo Tribunal Federal sobre a possibilidade de compartilhamento de dados bancários e fiscais com o Ministério Público.

1. Da privacidade e da persecução criminal

A privacidade é constitucionalmente protegida no art. 5°, inc. X, como direito fundamental que é, faz nascer para seu titular o direito de exigir a abstenção de qualquer forma de devassa, desde que não haja procedimento criminal a que o Judiciário chancele o afastamento temporário desse direito em prol da investigação e processo crime.

Na harmonização e colisão de direitos fundamentais, não existe a tirania de um direito em face de outro, ou seja, o direito a privacidade não pode servir de ente repulsivo ao Estado-persecução em seu dever de perseguir ilícitos que atentem contra o equilíbrio social como um todo. Assim, se o indivíduo está usando o sigilo bancário, fiscal e telemático para a empreitada criminosa, eis que esses direitos lhe são despidos para se adentrar na esfera pessoa e, com isso, reunir elementos e evidências de envolvimento criminoso.

Em havendo colisão de direitos fundamentais, é missão do magistrado sopesar os bens em conflito, aplicando-se a máxima da proporcionalidade e, não suprimindo a existência de um direito, mas, no caso concreto, determinar qual na ocasião tem maior peso para ser preservado, suspendendo excepcionalmente a vigência e efeitos do direito do investigado, denunciado, réu em processo penal.

Dentro da sistemática do garantismo penal, deveras o réu em processo penal tem um leque de direitos e garantias, e, como é cediço, o processo penal é a forma de se garantir os direitos, e evitar que tiranias e opressões sejam cometidas.

Não há que se cogitar de conflito existencial entre garantismo penal e eficiência no processo penal, sendo que ambos os entes tem coexistência, sendo um o equilíbrio do outro. Na visão dos garantistas, o devido processo legal, em especial, deve ser otimizado ao ápice quando da decretação de uma medida cautelar, por exemplo, de produção antecipada de provas. E esse *due processo of law*, no cenário brasileiro, é de todo observado, tanto que existe um arcabouço jurídico de defesa e tutela, passível até de declarar a nulidade de provas se produzidas de forma ilícita.

Obtemperam Daniele **Souza de Andrade e Silva** e **Rosimeire Ventura Leite** (*in* Sigilo no Processo Penal – eficiência e garantismo, 2008, p.157) sobre a conciliável existência entre garantismo e eficiência na órbita processual penal:

> *"O processo penal, como instrumento de realização da tutela jurisdicional, deve ter um compromisso com a descoberta da verdade e com a concretização da justiça. No seu âmbito, coexistem diversos interesses, notadamente a pretensão punitiva do Estado e o direito de liberdade do indivíduo.*
>
> *É fundamental que se assegurem os direitos e as garantias individuais, pois representam evolução do próprio direito e o reconhecimento da necessidade de proteção do ser humano, independentemente de outros fatores que diferenciem as pessoas na vida em sociedade. Por outro lado, não se pode olvidar que o processo é igualmente um meio de possibilitar segurança aos membros da comunidade social, servindo de veículo para que haja a punição adequada daqueles que feriram as regras jurídicas de convivência e lesaram os bens jurídicos alheios".*

No escólio de **BADARÓ** (2018, p.93) ao discorrer sobre o devido processo legal:

> *"De outro lado, o devido processo legal ainda mantém a sua face processual. O princípio do devido processo legal, em seu aspecto*

processual, é um princípio síntese, que engloba os demais princípios e garantias assegurados constitucionalmente. Assim, bastaria que a Constituição assegurasse o devido processo legal e todos os demais princípios dele defluiriam".

Nesse panorama de devido processo legal, a lei complementar n. 105/2011 dispõe sobre o sigilo bancário obrigatório face às instituições financeiras *latu sensu*, o que se defende no presente artigo é a reserva de jurisdição, somente podendo haver a devassa de informações quando determinado pelo Judiciário, na persecução criminal, e a proteção ao sigilo deve ser mantido diante terceiros alheios ao processo, como decidido pelo Min. Marco Aurélio, no MS 25940 / DF[7]:

> *"SIGILO – DADOS – BANCÁRIO – TELEFÔNICO – FISCAL – DIVULGAÇÃO – SÍTIO NA INTERNET – IMPROPRIEDADE. Os dados obtidos por meio da quebra dos sigilos bancário, telefônico e fiscal devem ser mantidos sob reserva, inviabilizado o conhecimento público".*

Os órgãos de persecução criminal, quando reunirem indícios suficientes de autoria e materialidade delitiva, é que o magistrado deve deferir a ordem de devassa do sigilo sobre dados do investigado. Ocorre que, na macrocriminalidade e atuação ordenada e coordenada da empresa criminosa vocacionadas a lavar dinheiro, surge o impasse de que muitas vezes os elementos de convicção de que existe potencial autoria já é complexo de se formar, pois nesses crimes não se deixa rastros materiais, e sim, virtuais, como nas transações bancárias, nas conversações telefônicas, na aquisição imobiliária e veicular, enfim, é bem diversificada a forma como vem sendo perpetrada a lavagem de capitais, cada vez mais moderno sob o ponto de vista tecnológico.

Defende-se que, mesmo que ainda não haja indícios de autoria e materialidade delitiva, o magistrado deve decretar a ruptura de sigilo bancário, fiscal, telefônico a fim de que, nesses meios de obtenção de provas, traga à baila e à luz a real dimensão da organização criminosa e seus tentáculos para branquear o dinheiro/capital do círculo preto.

Inclusive, sob o manto da lei n. 12.850/2013 o magistrado pode deferir pleito de infiltração de agentes, controlar a ação, intercepção ambiental de sinais, áudio e

---

[7] Disponível em: http://redir.stf.jus.br/paginadorpub/paginador.jsp?docTP=TP&docID=748257337, acessado em 14/12/19.

vídeos, afastamento dos sigilos financeiro, bancário e fiscal, enfim, existe uma estrutura de recursos humanos e tecnológico a que a persecução criminal se irroga, e deve ser louvado.

2. Teoria da anomia

A sensação de impunidade a que a cultura tem incutido no pensar e no agir do cidadão, no homem médio, tem-se arraigado diante crimes de colarinho branco, como a corrupção, lavagem de dinheiro, peculato, sendo esse tema central que não perde a sua atualidade. Diariamente interroga-se o operador do direito sobre o grau e intensidade que a humanidade se depara para se disseminar a apatia social para com a coisa pública.

A inflação de normas penais sobre o combate a corrupção, tratados internacionais, enfim, um leque de dispositivos legais vem anuviando o céu do operador do direito, porém a parca e inoperante eficiência que se tem observado diante casos envolventes de corrupção, peculato, licitações, lavagem de dinheiro, é bem maior do que as expectativas de resolução e eventuais ressarcimentos ao erário.

Na apuração de ações por improbidade administrativa, no caso peculiar de Quixadá-ce, observa-se que existem ações que tramitam há anos, sem definição e resolução de mérito, inclusive aguardando-se a realização de audiência de instrução desde outubro de 2018, até a presente data, nada foi impulsionado. Pode-se extrair desses dados que, diante o cenário político de Quixadá, que nos últimos 12 anos, teve três gestões de diferentes prefeitos, e todos deixaram *rastros* de processos por improbidade administrativa que nenhuma conclusão se teve. A cultura da impunidade prevalece diante de possíveis atos de desvios funcionais e gerenciais, haja vista que a norma penal e de persecução civil por improbidade administrativa *não teve sua vigência observada*, aplicada aos casos concretos na baila do Judiciário.

Vide escólio da doutrina sobre a teoria da anomia:

> *"O conceito de anomia de MERTON situa-se expressamente no desenvolvimento da ideia durkheimiana de ausência de normas. Apesar da diversidade de formulações utilizadas, ele acaba por privilegiar a ideia de desmoralização ou ruptura social – refere – mede-se pela extensão em que há ausência de consenso sobre normas julgadas legítimas, com consequente insegurança e incerteza nas relações sociais".* (***ANDRADE***, *1992, p. 322).*

Na visão de SÉRGIO SALOMÃO SCHECAIRA observa-se o seguinte:

> "*O ponto comum de todas as teorias de corte estrutural-funcionalista consiste em que deslocam o centro de atenção para o sistema social, subordinando a seu bom funcionamento a produção de um eficaz consenso. Tal perspectiva permite, também, uma reconstrução teórica da ideia de legitimação das penas. A pena não é examinada sob o enfoque axiológico ou dentro da visão de um fim ideal, mas sim na ótica dinâmica, funcional, como valorização de qualquer outra instituição social.*
>
> *A pena, segundo essa visão, "cumpre uma função de prevenção integradora (distinta dos objetivos retributivos, de prevenção geral e especial que lhe foram atribuídos pela dogmática tradicional). Se o delito lesiona os sentimentos coletivos da comunidade, que são tidos como os bons e corretos, a pena simboliza a necessária reação social: aclara e atualiza exemplarmente a vigência efetiva dos valores violados pelo delinquente, impedindo que se enfraqueçam; reforça a convicção coletiva em relação à transcendência desses valores; fomenta e disseminam os mecanismos de integração e de solidariedade social frente ao infrator e devolve ao cidadão honesto sua confiança no sistema".* (2008, pp. 238/239).

O senso de pertença à coletividade e de que o sistema funciona como um todo, já é um mito, sendo o seu oposto o maior mal que se tem colhido e recepcionado pelo cidadão, pelo homem que pretende ver a coisa pública sendo preservada e fluida. Não há que se negar que, quando diante desses casos de desvio de milhões, de beneficiamento de bilhões, de fraudes em licitações, em recebimento de propina, enfim, uma gama de condutas desse jaez, corrói no âmago do cidadão o senso de integração, muitas vezes, diante da impunidade e omissões do sistema, inculcando a concepção de que o *crime compensa*.

A distinção entre moral e ética é de importância capital a fim de demonstrar que ambas, em sua essência, espelham grandezas voltadas para a mesma finalidade. A ética origina-se etimologicamente do grego *ethos* que significa morada, refúgio, exarando a concepção de que as escolhas do indivíduo, imerso num mundo com diversas tonalidades de escolhas, deve-se traduzir a decisão, seja política ou individual, voltada para o bem e progresso social; enquanto a moral deriva do latim *mores*, costume, como sendo a concretização vital de um corpo social e cultural quanto aquilo que a torna identidade e a distingui de outros plexos de morais existentes no mundo. Enquanto a moral tem um teor de convenção social e cultural, a ética é individual, reflexiva, mas que ambas se centram em indivíduos que atuam, deliberam, agem no meio social e, notadamente, no espectro político.

A ética e filosofia social e política no Brasil deve(ria) refletir nas normas de direito eleitoral a principal força de combate daqueles que usam de cargos eletivos para desvirtuar os fins a que foram chamados a exercer: representar os interesses do corpo social.

Diante desse cenário, eis que exsurge da Lei Complementar n. 64/1990, dando concretização a norma constitucional insculpida no art. 14, §9°[8], refletindo a tendência constitucional de permear o direito eleitoral na criação de mecanismos jurídicos para distanciar indivíduos de tomar posse de cargos eletivos, seja por abuso de poder econômico, político, seja por condutas de corrupção, locupletamento e atos de improbidade administrativa perpetrados na vida política e social. Referido plexo de normas jurídicas teve por justificativa legislativa a concepção determinante da ética e da filosofia política moral como guias, com o escopo de tornar sua essencialidade na blindagem de interesses do povo, na escolha de candidatos para ocupar dois dos poderes essenciais do Estado soberano brasileiro, o Legislativo e o Executivo.

As condutas materializadas por candidatos e ocupantes de cargos e funções públicas, tanto antes do ingresso aos cargos quanto no efetivo exercício de seus misteres, devem refletir conduta proba, íntegra, haja vista que estão vocacionados a escolher e decidir para o povo, e não a alcançar a realização de interesses pessoais e de terceiros. Destarte, a inelegibilidade declarada por decisão transitada em julgado pelo Judiciário, embora tenha efeitos por certo prazo preconizado na norma jurídica, *exempli gratia*, "os detentores de cargo na administração pública direta, indireta ou fundacional, que beneficiarem a si ou a terceiros, pelo abuso do poder econômico ou político, que forem condenados em decisão transitada em julgado ou proferida por órgão judicial colegiado, para a eleição na qual concorrem ou tenham sido diplomados, bem como para as que se

---

[8] Art. 14, §9° - A soberania popular será exercida pelo sufrágio universal e pelo voto direto e secreto, com valor igual para todos, e, nos termos da lei, mediante:

§ 9° Lei complementar estabelecerá outros casos de inelegibilidade e os prazos de sua cessação, a fim de proteger a probidade administrativa, a moralidade para exercício de mandato considerada vida pregressa do candidato, e a normalidade e legitimidade das eleições contra a influência do poder econômico ou o abuso do exercício de função, cargo ou emprego na administração direta ou indireta.

realizarem nos 8 (oito) anos seguintes" (art. 1°, I, *h*, da LC/64/90), reflete uma escolha ética e moral para aqueles que ocupam cargos voltados a decisões políticas. Festeja-se, com isso, uma forma de incutir no âmago do infrator o senso de responsabilidade social e política pelas escolhas e decisões errôneas e alheias aos interesses do povo.

Ainda, com a edição da Lei Complementar n° 135/2010, cognominada de Lei da Ficha Limpa, estampa, outrossim, a tendência ético e moral do legislador ao impedir que candidatos a cargos eletivos consigam tomar posse em cargos públicos eletivos, diante da situação pessoal plenamente desfavorável, como o cometimento de crime de tráfico de entorpecentes, roubo, participação em organização criminosa, dentre outros, para ocupar cargos vocacionados a representar os interesses do corpo social, com decisões políticas que deve sobejar probidade, ética, moral.

Entretanto, a inelegibilidade não deveria ser destinada somente para aqueles que se lançam a concorrer cargos públicos eletivos, mas, também, dada a mesma fundamentação ético-jurídica, deveria ser pautada para aqueles que possam ocupar cargos e funções públicas em comissão na Administração Pública, considerando que o indivíduo que, em tese, não tem ficha limpa, pode ocupar cargo em comissão de secretário municipal, por exemplo, torna-se uma afronta direta e reflexa da moralidade e ética que devem guiar e permear na escolha e ocupação de cargos e funções públicas. Com isso, aplaude-se o projeto de lei n. 862/15[9] que tramita no Congresso Nacional, prevendo medidas preventivas voltadas a anticorrupção, este como gérmen que se dissemina no aparato dos Poderes, corrompendo a ética e moral na política.

O projeto de lei acima, até o momento não passa de projeto que teve seu trâmite *pausado* sem se declinar os motivos, porém que, se aprovado fosse, seria uma norma de impedimento de acesso a cargos públicos daqueles que foram, inclusive, declarados inelegíveis, como ocorre no cenário brasileiro, e em especial, na cidade de

---

[9] Disponível em: http://www.camara.gov.br/proposicoesWeb/fichadetramitacao?idProposicao=1050641, acessado em 13/12/2019, cuja ementa: Dispõe sobre a vedação para a ocupação de cargo em comissão e função de confiança na administração pública direta e indireta de todos os Poderes da União e para a ocupação como membro de diretoria, de conselho de administração e de conselho fiscal das empresas estatais..

Quixadá-ce, que vereador não diplomado, por ter sido declarado inelegível no ano de 2016, atualmente, ocupa cargo de secretário na gestão Ilário Marques (2016/2020).

Queda-se que a teoria da anomia tem revelo imprescindível para o operador do direito refletir, pensar e repensar sobre ações e discursos quanto ao tema primordial de combate aos atos de corrupção e seus consectários.

3. Da teoria *Follow the Money*

A teoria *Follow the Money*, como traduzida na introdução deste artigo, é uma forma de instrumentalizar e operacionalizar o meio ou produto da transação ilícita originária de corrupção, peculato, tráfico de drogas. O plexo instrumental de *seguir o dinheiro* torna possível dimensionar o nexo causal entre o criminoso e o eventual beneficiário, e o produto ilícito a que almejam branquear.

Para registro e conhecimento, o GAFI (Grupo de Ação Financeira), classifica a lavagem de dinheiro em três fases, quais sejam: I. inversão/colocação (*placement*) do capital de procedência ilícita no sistema econômico ou financeiro; II. confusão/dissimulação (*layering*) da origem do capital a partir de diversas operações financeiras a fim de desassociá-lo da conduta criminosa antecedente; e III. integração/utilização (*integration*) desses valores já com aparência de legalidade.

Imerso nesse panorama de inversão/colocação do capital, confusão/dissimulação da procedência do capital e integração/utilização de valores é que existe um imenso amálgama de informações e rastros a que as autoridades poderiam se imiscuir para rastrear os envolvidos na operação ilícita, malogrando o ganho fácil com o branqueamento de numerários e bens.

Da aplicabilidade da teoria *Follow the Money* no cenário brasileiro, existe uma gama de atos que devem ser investigados todos os agentes envolvidos, haja vista que para êxito do branqueamento de capitais é impossível a atuação unipessoal, mas demanda a participação de inúmeros agentes para êxito na empreitada criminosa. Diante desse quadro, o Banco Central emitiu a carta-circular n. 3.542[10], DE 12 de março de 2012 para

---

[10] Disponível em: https://www.bcb.gov.br/pre/normativos/busca/downloadNormativo.asp?arquivo=/Lists/Normativos/Attachments/49233/C_Circ_3542_v1_O.pdf, acessado em 14/12/2019.

exemplificar determinadas situações e condutas que podem ter conexão com a lavagem de capitais, sendo:

> "I - Situações relacionadas com operações em espécie em moeda nacional:
>
> a) realização de depósitos, saques, pedidos de provisionamento para saque ou qualquer outro instrumento de transferência de recursos em espécie, que apresentem atipicidade em relação à atividade econômica do cliente ou incompatibilidade com a sua capacidade econômico-financeira;
>
> b) movimentações em espécie realizadas por clientes cujas atividades possuam como característica a utilização de outros instrumentos de transferência de recursos, tais como cheques, cartões de débito ou crédito;
>
> c) aumentos substanciais no volume de depósitos em espécie de qualquer pessoa natural ou jurídica, sem causa aparente, nos casos em que tais depósitos forem posteriormente transferidos, dentro de curto período de tempo, a destino não relacionado com o cliente;
>
> d) fragmentação de depósitos, em espécie, de forma a dissimular o valor total da movimentação;
>
> e) realização de depósitos de grandes valores em espécie, de forma parcelada, especialmente em regiões geográficas de maior risco, principalmente nos mesmos caixas ou terminais de autoatendimento próximos, destinados a uma única conta ou a várias contas em municípios ou agências distintas;
>
> f) movimentação de recursos em espécie em municípios localizados em regiões de fronteira, que apresentem indícios de atipicidade ou de incompatibilidade com a capacidade econômico-financeira do cliente;
>
> g) realização de depósitos em espécie em contas de clientes que exerçam atividade comercial relacionada com negociação de bens de luxo ou de alto valor, tais como obras de arte, imóveis, barcos, joias, automóveis ou aeronaves executivas;
>
> h) realização de saques em espécie de conta que receba diversos depósitos por transferência eletrônica de várias origens em curto período de tempo;
>
> i) realização de depósito em espécie com cédulas úmidas, malcheirosas, mofadas, ou com aspecto de que foram armazenadas em local impróprio ou ainda que apresentem marcas, símbolos ou selos desconhecidos, empacotadas em maços desorganizados e não uniformes; e
>
> j) realização de depósitos ou troca de grandes quantidades de cédulas de pequeno valor, realizados por pessoa natural ou jurídica, cuja atividade ou negócio não tenha como característica recebimentos de grandes quantias de recursos em espécie".

Ora, numa transação de compra e venda de um imóvel, por exemplo, são diversos atos que se exteriorizam, sendo: escritura de compra e venda, avaliação do imóvel, emissão de guia de ITBI junto ao Município, registro no cartório de imóveis da averbação da transferência da propriedade,, pagamento do valor avençado, as partes envolvidas, posteriormente inscrição no IPTU. Diante desse quadro, eis que o numerário saiu de um ponto para outro, o que se pode perquirir que quem pagou o valor do imóvel foi o mesmo que está a adquirir; se não foi o mesmo, que terceiro seria esse; se o adquirente tem como evidenciar a origem do numerário. Porém, e se não for uma compra e venda, mas uma doação, mais elementos para seguir o dinheiro exsurgem. Da mesma forma nas negociações de veículos, semoventes, uma série de atos são previamente concretizados. O que se tem como certo é mesmo que transfiram bens e valores para os mortos, esses tiveram uma vida, uma origem, o que se pode traçar a linha do dinheiro.

Consectário dessa teoria, nasce a teoria *cui bono* também se aplica à banca fiscal, sendo que soe ocorrer que terceiros são beneficiados direta ou indiretamente, atraindo para estes os olhares da bancada fiscal. Deixar de fiscalizar é o mesmo que permitir que a coisa pública caia no esmaecimento de que aqueles que ocupam cargos sejam usurpadores da coisa pública, lesando diretamente a justiça social a que se busca aplicar diuturnamente com a Administração-Executivo. Não se é permitido que ocupantes de cargos desviem aquilo que é destinado para o global, para todos, beneficiando a si e a terceiros.

Na lei n. 6.313/1998 trata sobre o crime de lavagem de dinheiro ou ocultação de bens, direitos e valores, logo de início preconiza:

> *"Art. 1º Ocultar ou dissimular a natureza, origem, localização, disposição, movimentação ou propriedade de bens, direitos ou valores provenientes, direta ou indiretamente, de infração penal".*

Referida lei dispõe sobre o dever de pessoas físicas e/ou jurídicas de informarem a transação financeira na compra de bens, semoventes, joias, metais preciosos, dentre outros, trazendo uma forma de responsabilidade social diante práticas que denotem fortes indícios de que o agente comprador, intermediador ou procurador esteja se desviando da dogmática penal na concretização de atos de branqueamento de capital.

Na legislação dos Estados Unidos da América, eis que o 18 U.S. Code § 1956. Laundering of monetary instruments[11] assim preconiza:

> "*Whoever, knowing that the property involved in a financial transaction represents the proceeds of some form of unlawful activity, conducts or attempts to conduct such a financial transaction which in fact involves the proceeds of specified unlawful activity.*"[12]

Como corolário da presente teoria exsurge a teoria cui bono que tem por escopo perquirir e investigar atos e/ou omissões do Poder Público ou do Legislativo, ou do Judiciário, que venha a beneficiar terceiros com a ação ou inação. Assim, se há o selo de privilégio de um ato para uma empresa, por exemplo, já suscita o potencial gérmen de que existe alguma orquestração ilícita.

Operação da polícia federal intitulada *cui bono*[13], excerto abaixo evidencia a sinopse fática:

> "*Entre 2012 e 2015, GEDDEL QUADROS VIEIRA LIMA, com a participação essencial de EDUARDO COSENTINO DA CUNHA, LUCIO BOLONHA FUNARO, HENRIQUE EDUARDO LYRA ALVES e FÁBIO FERREIRA CLETO, agindo em comunhão de desígnios, e com violação do dever funcional de manter sigilo, solicitou ou aceitou promessa de vantagem indevida, para si (e para outrem estes), em razão do cargo de Vice-Presidente de Pessoa Jurídica da Caixa Econômica Federal, no valor de R$ 57.334.462,65 (cinquenta e sete milhões trezentos e trinta e quatro mil quatrocentos e sessenta e dois reais e sessenta e cinco centavos), prometida e paga por NATALINO BERTIN, REINALDO BERTIN e SILMAR ROBEETO BERTIN, para liberação de repasses de valores realizados pela Caixa Econômica Federal no valor total de R$ 2.000.000.000,00 (dois bilhões de reais), decorrentes do financiamento contratado pela*

---

[11] Disponível em: https://www.law.cornell.edu/uscode/text/18/1956, acessado em 11/12/2019
[12] Livre tradução: quem quer que, sabendo que a propriedade envolvida em uma transação financeira represente o produto de alguma forma de atividade ilegal, conduza ou tente realizar uma transação financeira que de fato envolva o produto de atividade ilegal especificada.
[13] Disponível em: http://www.mpf.mp.br/df/sala-de-imprensa/docs/denuncia-bertin, acessado em

CONCESSIONARIA SPMAR S.A com o Banco Nacional de Desenvolvimento Econômico e Social BNDES, liberação essa que de fato ocorreu".

O Judiciário está munido de instrumentos eletrônicos que podem imprimir maior transparência de elementos de provas a subsidiar na condenação daquele que esteja envolvido em crime de lavagem de capital, organização criminosa, tráfico de drogas, peculato, enfim, existe uma infinidade de crimes que, pela macrofuncionalidade, deve haver a evasão do dinheiro negro (dinheiro sujo) para ser aplicado no mercado comum, seja adquirindo imóveis, veículos, na compra de ações. Dentre esses instrumentos, destaca-se o RENAJUD, BACENJUD, Sistema de Registro Eletrônico de Imóveis (SREI).

No ano de 2019 foi suscitado no Supremo Tribunal Federal a arguição de que seria inconstitucional o compartilhamento de dados fiscais e bancários da Receita Federal e a Unidade de Inteligência Financeira (UIF), o que foi apreciado no RE 1055941 RG / SP[14], declarado que é constitucional o compartilhamento de dados com o Ministério Público, o que deve ser louvável, sob o ponto de vista de impulso nas investigações para apurar eventuais ilícitos.

---

[14] Disponível em: http://redir.stf.jus.br/paginadorpub/paginador.jsp?docTP=TP&docID=14785950, acessado em 13/12/2019.

Capítulo V – Participação ativa da vítima

A persecução penal se inicia com o fato criminoso, seja na perseguição de um grupo de assaltantes de bancos, seja na perseguição de homicida que acabara de cometer o crime ou tentado sua consumação, enfim, a atividade estatal vinculada se deflagra quando há a perturbação no mundo fenomênico, quando da conduta hostil de um suspeito nasce a ação reativa do Estado para compelir e neutralizar o aparato criminógeno.

Com isso, a eficiência do Estado será determinante para o êxito total da empreitada de combate e perseguição do agente criminoso. Muitas vezes, o Estado-acusação falha em não reunir elementos robustos de provas, culminando na absolvição do acusado; muitas vezes o Estado-jurisdição abusa de seu direito ao não julgar o processo criminal em tempo célere, para espancar dúvidas do caso, devolvendo a liberdade do acusado ou condenando-o efetivamente pelo crime imputado.

No âmago do inquérito policial, o titular da investigação deve se atinar que a persecução na investigação do crime só terá êxito se houver a diligente atuação para acautelar provas que serão imprescindíveis para culminar na condenação dos envolvidos. Com isso, a fase mais importante no processo penal é a produção antecipada de provas e seu armazenamento na cadeia de custódia da prova para posterior apreciação judicial e prolação de sentença penal condenatória.

Na cadeia de custódia da prova temos, com o advento da lei n. 13.964/2019, o regramento do que antes era um vácuo legislativo, o que conduzia a arbitrariedades e *extravio* de provas que culminam na absolvição do réu. No art. 158-A do CPP insculpe a dimensão de que a prova deve ser colhida, registrada, catalogada, em local protegido e isento de manipulação por terceiros não autorizados, evitando a contaminação ou adulteração da prova.

A vítima na fase inquisitorial é relegada ou impedida pela autoridade que preside o inquérito. Contudo, se a legislação dá poderes para a vítima levar ao conhecimento a prática de crime, e, inclusive, quando o membro do Ministério Público não ingressa com ação penal ou pede o seu arquivamento a vítima pode ir a juízo perseguir o direito, não há razão jurídica para impedir a participação ativa da vítima no cenário de investigação e na produção antecipada de provas.

1. Fundamentação jurídica da investigação

Da prática delitiva nasce o dever-poder do Estado para perseguir o autor e eventual partícipe, do crime cometido. No Código de Processo Penal temos o art. 6º que insculpe a conduta da autoridade policial no cenário criminoso. Mais simples de se analisar é o cenário do crime de homicídio, de roubo, furto, infiltração de agentes em organizações criminosas, no tráfico de drogas, enfim, esses cenários são panorâmicos e mais palpável para se ter em mente o que a autoridade policial deve fazer para preservar a cena do crime e deflagrar a investigação criminal.

Porém, o cenário do crime é de complexo detalhamento quando cometido no meio virtual, quando poucos rastros se deixam e, quando morosa a atuação na investigação, dar azo para que a empreitada criminosa seja totalmente exitosa, o que não pode ocorrer, sob pena de esvaziamento do princípio da eficiência que norteia a atuação policial na investigação.

O comando legal que se extrai do art. 6º do CPP é *logo que tiver conhecimento*, exigindo da autoridade policial celeridade e habilidade no norteamento da colheita de provas, como determinar imediatamente que o setor técnico forneça elementos do IP ou endereço MAC do sítio eletrônico empregado em fraudes pela internet, diligenciar junto a ANATEL a localização por meio de Estação Rádio Base e dados cadastrais dos números de telefones envolvidos; envio de ofício urgente a banco a que o dinheiro foi transferido e daí se criar uma rede de dados de autores e partícipes, enfim, são condutas ativas que a autoridade policial deve manifestar de forma expedita, dado que o êxito na persecução penal de crimes virtuais é o malogro da organização ou associação criminosa.

Quando há a captação e coleta de elementos de prova, no atual Código de Processo Penal, temos regramento da cadeia de custódia da prova, o que, quando vier a ser infringida, pode ser facilmente impugnada e descartada, possibilitando a ampla absolvição do réu e, mais uma vez, o êxito criminoso.

Vide abaixo dispositivos do CPP que trazem o novel regramento da cadeia de custódia da prova:

> *Art. 158-A. Considera-se cadeia de custódia o conjunto de todos os procedimentos utilizados para manter e documentar a história cronológica do vestígio coletado em locais ou em vítimas de crimes,*

para rastrear sua posse e manuseio a partir de seu reconhecimento até o descarte.

Art. 158-B. A cadeia de custódia compreende o rastreamento do vestígio nas seguintes etapas:

I - reconhecimento: ato de distinguir um elemento como de potencial interesse para a produção da prova pericial;

II - isolamento: ato de evitar que se altere o estado das coisas, devendo isolar e preservar o ambiente imediato, mediato e relacionado aos vestígios e local de crime;

III - fixação: descrição detalhada do vestígio conforme se encontra no local de crime ou no corpo de delito, e a sua posição na área de exames, podendo ser ilustrada por fotografias, filmagens ou croqui, sendo indispensável a sua descrição no laudo pericial produzido pelo perito responsável pelo atendimento;

IV - coleta: ato de recolher o vestígio que será submetido à análise pericial, respeitando suas características e natureza;

V - acondicionamento: procedimento por meio do qual cada vestígio coletado é embalado de forma individualizada, de acordo com suas características físicas, químicas e biológicas, para posterior análise, com anotação da data, hora e nome de quem realizou a coleta e o acondicionamento;

VI - transporte: ato de transferir o vestígio de um local para o outro, utilizando as condições adequadas (embalagens, veículos, temperatura, entre outras), de modo a garantir a manutenção de suas características originais, bem como o controle de sua posse;

VII - recebimento: ato formal de transferência da posse do vestígio, que deve ser documentado com, no mínimo, informações referentes ao número de procedimento e unidade de polícia judiciária relacionada, local de origem, nome de quem transportou o vestígio, código de rastreamento, natureza do exame, tipo do vestígio, protocolo, assinatura e identificação de quem o recebeu;

VIII - processamento: exame pericial em si, manipulação do vestígio de acordo com a metodologia adequada às suas características biológicas, físicas e químicas, a fim de se obter o resultado desejado, que deverá ser formalizado em laudo produzido por perito;

IX - armazenamento: procedimento referente à guarda, em condições adequadas, do material a ser processado, guardado para realização de contraperícia, descartado ou transportado, com vinculação ao número do laudo correspondente;

X - descarte: procedimento referente à liberação do vestígio, respeitando a legislação vigente e, quando pertinente, mediante autorização judicial.

De visão ímpar, o art. 158-A do CPP elucida que a prova deve ser bem colhida e armazenada, indene de manipulação, para transparência e garantia ao réu de que sua condenação não foi lastreada em elementos de prova artificiosamente forjados e, na maioria das vezes, provas que são inseridas nos autos da investigação ou suprimidas. Com a cadeia de custódia da prova distancia-se o arbítrio e discricionariedade do titular do inquérito ou da ação penal.

No *Codice de Procedura Penale* italiano dispõe em seu art. 55.1 que o titular do inquérito deve agir de pronto, inclusive para realizar atos indispensáveis para preservar as fontes de provas e coletar tudo o que interessa ao caso:

> *"Art. 55.1 - La polizia giudiziaria deve, anche di propria iniziativa, prendere notizia dei reati, impedire che vengano portati a conseguenze ulteriori, ricercarne gli autori, compiere gli atti necessari per assicurare le fonti di prova e raccogliere quant'altro possa servire per l'applicazione della legge penale"*[15].

Essa conduta vanguardista e proativa a que a autoridade policial deve adentrar é o que trará êxito para a procedência da ação penal. Cada vez mais os crimes virtuais tem se aperfeiçoado e lesado milhares de usuários, simplesmente por desídia da autoridade policial em não ter deflagrado operação para investigar, colher dados e perseguir os criminosos.

Em caso prático: temos uma organização criminosa que tem agido por meio virtual no cometimento de crimes de estelionato, lavagem de capitais, falsidade ideológica em leilões *onlines*. Esses criminosos criam um sítio eletrônico, com logotipos de empresas bancárias como comitentes para leilões de veículos recuperados de financiamento, inclusive com cadeado fechado na parte superior esquerda da tela, com certificado de *site* seguro, com logotipo do Tribunal de Justiça do Estado de São Paulo, com inclusão do nome de leiloeiro oficial do Estado, com todos os dados, emitido termo de arrematação. Sem olvidar que os criminosos se utilizam da facilidade de abertura de contas bancárias pela *internet*, usando documentos de terceiros. Em suma, os criminosos conseguem aplicar golpes (estelionatos), lesando dezenas e dezenas de pessoas, dando fluxo ao dinheiro por meio de conta bancária digital e, ainda, o sítio eletrônico continua a operar, como se nada tivesse ocorrido.

---

[15] Livre tradução: A polícia judiciária deve, mesmo por iniciativa própria, anotar os crimes, impedir que sejam trazidos a outras conseqüências, procurar os autores, realizar os atos necessários para garantir as fontes de evidências e coletar tudo o que for útil para a aplicação da lei. penalidade.

A autoridade policial, diante do cometimento de crime desse jaez, deve fazer uso do art. 6º do CPP brasileiro, *incontinenti*, para: obter dados de IPs e endereços MACs dos sítios eletrônicos, obter dados e monitorar o tráfego informático e de geolocalização dos números de telefones usados pela organização criminosa para se comunicar com as vítimas, infiltrar agentes no meio virtual dos leilões para colher outros elementos de provas quanto a partícipes que estavam ofertando lances no leilão, obter IPs e endereços desses envolvidos e formar, assim, a rede criminosa. Porém, nada disso foi empregado e diligenciado pela autoridade policial, deixando os criminosos livres, atuando no meio virtual e obtendo proveitos ilícitos.

2. Teoria dos poderes implícitos ou incidentais.

A teoria dos poderes implícitos tem suas raízes em precedente norte-americano, no caso *Mc CulloCh vs. Maryland*, extraindo-se o entendimento que quando se dar poderes a um órgão ou ente não se pode impedir poderes de dar vazão e persecução na realização dos poderes concedidos, ou seja, não se pode criar embaraço jurídico se ao ofendido foi dado direito de impugnar o arquivamento de inquérito policial, logo, o ofendido tem interesses a preservar na investigação, não lhe sendo defeso requerer produção de provas e outros pedidos.

No caso acima, para conhecimento histórico, centrava-se na possibilidade de o Congresso incorporar um banco, o que ficou consignado que se o fim for legítimo, e dentro do escopo da Constituição, todos os meios apropriados, claramente adaptados a esse fim e que não sejam proibidos, poderão ser empregados constitucionalmente para efetivá-lo.

Feitas essas considerações da origem da teoria dos poderes incidentais, eis que no âmbito da persecução penal a vítima, no direito brasileiro, tem limitados poderes, porém lhe foi outorgado poderes, e desse raio de atuação não se pode minar ou isentar a participação ativa da vítima no cenário de investigação e judicial.

No art. 29 do CPP preconiza que caso o titular da ação penal quede-se inerte para promoção da ação penal, é dado o poder à vitima de ajuizar essa queixa-crime (ação penal subsidiária da pública) para persecução criminal; ainda, no art. 28, com novel redação dada pela lei n. 13.964/2019 traz outro poder à vítima quando o titular da ação penal entende pelo arquivamento do inquérito policial:

> *Art. 28. Ordenado o arquivamento do inquérito policial ou de quaisquer elementos informativos da mesma natureza, o órgão do*

> Ministério Público comunicará à vítima, ao investigado e à autoridade policial e encaminhará os autos para a instância de revisão ministerial para fins de homologação, na forma da lei.
>
> § 1º Se a vítima, ou seu representante legal, não concordar com o arquivamento do inquérito policial, poderá, no prazo de 30 (trinta) dias do recebimento da comunicação, submeter a matéria à revisão da instância competente do órgão ministerial, conforme dispuser a respectiva lei orgânica.
>
> Art. 29. Será admitida ação privada nos crimes de ação pública, se esta não for intentada no prazo legal, cabendo ao Ministério Público aditar a queixa, repudiá-la e oferecer denúncia substitutiva, intervir em todos os termos do processo, fornecer elementos de prova, interpor recurso e, a todo tempo, no caso de negligência do querelante, retomar a ação como parte principal.

Nesse diapasão a vítima tem, além do poder de manejar a ação penal quando o titular for inerte, também a possibilidade de questionar o ato de promoção do arquivamento do inquérito policial. São poderes municiam a participação ativa da vítima e que trazem um plexo de poderes incidentais para total concretização desses direitos. Ora, se a vítima é possível juridicamente ingressar com ação penal na ausência do membro do Ministério Público, não pode isentar a sua participação, outrossim, no pleito de produção antecipada de provas mesmo antes de deflagração de inquérito policial ou procedimento de investigação criminal a que o Ministério Público pode trazer a lume.

A participação ativa é um dos poderes para dar concretude e dimensão ao direito de ação da vítima em processo penal, podendo requerer o que entender de direito ao juiz criminal para apreciação e decisão. Não falta a vítima interesse jurídico e legitimidade ativa, haja vista que foi vítima de crime e almeja ter a persecução criminal exitosa, e não apenas mundo do dever ser, mas que os criminosos sejam deveras identificados e processados nas penas da lei.

O direito probatório também assiste à vítima, quando, por exemplo, insta o membro do Ministério Público para produzir determinada prova antecipadamente e este órgão permanece inerte. Assim, nasce à vítima o direito de ir a juízo pleitear a produção antecipada de provas que reputa indispensáveis e que, caso não sejam prontamente produzidas, poderão se esvair no tempo e espaço, como nos crimes virtuais em que os rastros digitais podem ser deletados. Enfim, a vítima tem o direito de ação e o direito probatório de participar ativamente.

A teoria dos poderes implícitos encontra âncora segura no direito processual brasileiro para otimizar a participação ativa e probatória da vítima, não encontrando nenhum cerceio ou impedimento constitucional e legal para tal escopo.

Essa teoria também serviu de arrimo para fomentar a tese de que se o Ministério Público é o titular da ação penal, também poderia ter poderes de investigação criminal, não se confundindo as funções. Assim também, *mutatis mutantis*, se a vítima é dada o poder de ingressar com ação penal subsidiária da pública e de questionar o arquivamento de inquérito policial, a mesma razão métrica se aplica para requerer a produção antecipada de provas e outros atos a que o Judiciário apreciará e decidirá.

Na esteira de BADARÓ traz a concepção de assistente de acusação, que é encabeçada pela vítima e que o momento de ingresso é somente na ação penal, sendo-lhe vedado intervir no inquérito policial:

> *"A função do assistente de acusação é auxiliar o Ministério Público na ação penal pública. Trata-se de uma parte ad coadjuvandum. A grande discussão é se o interesse do assistente de acusação seria apenas patrimonial, isto é, de obter uma condenação criminal para, com isso, conseguir um título executivo a ser executado no âmbito cível, ou se haveria um interesse mais amplo, de correta aplicação da lei no caso concreto". (2018, p. 306).*

Ousamos discordar desse pensamento quando ao momento de ingresso da vítima, pois, como dito alhures, se foi dado poder de ajuizar ação penal subsidiária da pública e o direito de impugnar a promoção de arquivamento de inquérito policial, por que razão seria ceifada a participação ativa da vítima na produção antecipada de provas, haja vista que seria apenas requerimento direcionado ao estado-juiz.

Na mesma senda, discorda-se do entendimento de NUCCI sobre a participação ativa da vítima:

> *"É a regra de ingresso do assistente de acusação, evitando-se tumultos indevidos e a propositura de novas provas ou outras diligências, que somente fariam o procedimento inverter o seu curso, o que é inadmissível. Assim, a partir do recebimento da denúncia até o trânsito em julgado da decisão, pode haver o ingresso do assistente, mas sem qualquer tipo de regressão no desenvolvimento regular da instrução (art. 269, CPP).*
>
> *Durante o curso do inquérito policial, não se admite o ingresso de assistente de acusação, pois não há interesse algum do*

ofendido em participar das investigações preliminares ao eventual processo". (2014, p. 508).

Como já consignado, a posição do autor do presente trabalho é fomentar a ampla participação ativa da vítima, desde o cometimento do fato criminoso até o trânsito em julgado, não podendo ser-lhe tolhido esse direito de agir, tanto que pode questionar o arquivamento do inquérito policial e ingressar com ação penal pública na ausência ou desídia do titular da ação penal. Há interesse e legitimidade ativa da vítima para perseguir o direito de punir, e, certamente, havendo dano patrimonial, o direito de obter título executivo para satisfação.

Não se pode extrair da tese de corrente doutrinária de que um dos fundamentos para afastar a participação ativa da vítima seria seu único e exclusivo desiderato em ressarcimento patrimonial. Não se pode excluir um direito (de participar ativamente na esfera penal, desde a fase preliminar até trânsito em julgado da sentença) se a vítima encontra-se no exercício regular de direito.

3. Ação penal pública

A ação penal manejada pelo membro do Ministério Público origina-se de um caderno processual em que deve gravitar a regular e legítima colheita de provas e que essas provas sejam contundentes para formar o convencimento judicial para prolação de sentença penal condenatória. A ação penal somente será exitosa se lhe vier subsidiada de elementos probantes convincentes para além da dúvida razoável, e não especulações. O escopo da ação penal é levar a concreta aplicação da lei penal e punir aquele que cometeu um fato típico, ilícito e culpável.

Assim, na atual sistemática do CPP brasileiro, a denúncia pode ser rejeitada quando lhe carecer pressupostos processuais ou condições para ação penal, faltar justa causa ou for manifestamente inepta (art. 295, CPP). São circunstâncias a que o magistrado determina a rejeição da denúncia por ser natimorta, não ter envergadura para dar continuidade, festejando os princípios da presunção de inocência, economia processual e eficiência. Se no nascedouro da ação penal, por meio da denúncia, o estado-juiz já vislumbra a sua infrutífera possibilidade de se obter êxito, decide logo por sua rejeição.

Para a denúncia vir mal fundamentada, seja por falta de justa causa, seja por ser inepta, é porque houve carência ou inoperância na fase preliminar de investigação policial que deveria ter feito, porém, não fez de forma a arvorar uma próspera ação penal. Como dito alhures, a fase de maior peso e envergadura é na fase preliminar de colheita de provas e sua correta armazenagem, dentro da cadeia de custódia da prova. Quando a vítima tem o poder de subsidiar a autoridade policial ou o Ministério Público e estes simplesmente não lhe dão a importância devida, surge a crise no sistema processual afogada pelo orgulho e irresignação de um órgão para ouvir e acolher o que se está opinando para culminar no êxito da produção de provas.

Diante dessa realidade fenomênica, eis que o magistrado, diante das causas insculpidas no art. 386 do CPP, deve absolver o réu. Porém, quiçá se outras condutas dos órgãos de persecução tivessem sido adotadas com a pronta e célere produção antecipada de provas e atividade persecutória, *exempli gratia*, em crimes virtuais, sem titubeios, os autores e demais membros seriam identificados e punidos.

O ônus da prova no processo penal recai e é exigido do *dominus litis* da ação penal, sendo dele todo o fardo processual de trazer elementos de convicção e formação da verdade, para que o julgador decrete a prisão e leve à condenação ou, em sua ineficiência probante, que seja revogada a prisão e, assim, culmine na absolvição.

Em matéria de ônus da prova, eis que o STJ e boa parte da doutrina entendem que, para a deflagração da ação penal, no mínimo deve-se reunir indícios de autoria e prova da materialidade delitiva, sendo nessa fase do processo pacífico o entendimento de que a denúncia atrai o *in dubio pro societate*.

Não restam titubeios de que uma ação penal sem robustez probante, apenas com indícios e presunções, é instrumentalizadora do abuso de poder e de direito na persecução penal, sem ética e divorciada da realidade constitucional de cunho garantista, no espectro da presunção de inocência, muitas vezes maculada com a decretação de prisão preventiva, tão somente por existirem parcos elementos que não induzem no Estado-juiz a probabilidade de vir a exitosa condenação.

Com a participação ativa da vítima no subsídio e intelecção para fortificar o ônus da prova que resulte na eficaz condenação do réu, não há ranço de o titular da ação penal e autoridade policial suscitar que a vítima estaria invadindo a esfera dessas instituições, pois o interesse da vítima é ter a condenação daquele que cometera o crime e, secundariamente, caso tenha havido perda patrimonial, enveredar na esfera cível para indenização do prejuízo.

Preanunciando o caso dos leilões de veículos fraudulentos no Estado de São Paulo, em que se tem dados de que cerca de seis sítios eletrônicos aplicaram centenas de golpes e obtiveram proveito criminoso milionário. Há tempos o Estado estava sendo advertido pelas vítimas de que uma organização criminosa estava atuando abertamente, com manutenção de sítios eletrônicos e, mesmo assim, passaram-se meses aplicando golpes até que uma das vítimas, talvez a última lesada pelos criminosos, denunciou ao Grupo Ação Especial no Combate ao Crime Organizado – GAECO de São Paulo e ficou mantendo contato diuturnamente, inclusive fornecendo dados essenciais para que os envolvidos nos crimes fossem capturados. Até o fechamento do presente trabalho não se teve nenhum retorno efetivo se as medidas opinadas pela vítima foram acolhidas e se já teve resultados para perseguir o direito de punir face aos criminosos.

Capítulo VI – análise criminológica e de casos

Na lição dos estudos em criminologia de Filgueiredo Dias, Schecaria, Sutherland, Baratta temos diversas análises criminológicas das origens do crime.

No caso dos crimes praticados por meio de leilões virtuais de veículos é sapiente que a organização criminosa teve esmero para criar sítios eletrônicos com detalhes essenciais para ludibriar aqueles que acessam as páginas, se cadastram, enviam documentos pessoais, ofertam lances e ainda, transferem valores para contas bancárias abertas por criminosos.

Os criminosos abrem contas em nomes de terceiros, ou mesmo de laranjas, com escopo de escoar o proveito criminoso, e dessa conduta facilitada, dão ares ilimitados para agir. Ora, até movimentar a conta bancária os criminosos conseguem sem empecilhos. É uma sincronia de situações que só favorecem aos criminosos, impedindo que as vítimas suspendam a transação, haja vista que são orientadas a aguardar de 03 a 05 dias úteis a entrega do bem arrematado, ou seja, até nesse ponto seguram a vítima para não agir antes.

A teoria das janelas quebras, de origem nas lições de James Q. Wilson e George Kelling, se aplica como uma luva ao caso dos falsos leilões, haja vista que os criminosos são céleres nos golpes e expeditos no fluxo dos proveitos ilícitos, dando destinações diversas aos numerários que são destinados às contas bancárias abertas com o aparato dos bancos. Referida teoria criminológica assevera que se uma janela de um edifício for quebrada e não for reparada a tendência é que vândalos passem a arremessar pedras nas outras janelas e posteriormente passem a ocupar o edifício e destruí-lo.

A desordem gera desordem, A ANOMIA, sensação de impunidade, e agir livremente que esses criminosos tem, difundem mensagens a outros criminosos (de que é moleza praticar e auferir proveito ilícito dando golpes em leilões virtuais) e no cometimento de inúmeros outros crimes mais graves. Serve as bases daquilo que a sociedade e a alguns setores da mídia hoje defendem: a tolerância zero, que por coincidência também é o nome atribuído a uma teoria desenvolvida tempos atrás pelos mesmos estudiosos da Escola de Chicago.

Ora, quando o Estado se omite, ou, quando decide agir, age de forma lenta e sem êxito, os criminosos que operam nesse pregão de falsos leilões virtuais se sentem "protegidos e imunes" ao sistema, haja vista que o próprio sistema de repressão é inoperante, até mesmo quando uma vítima se irresigna face ao Estado para exigir que exerça o dever de manter a ordem e segurança da população.

A rapidez com que os criminosos criam páginas na internet e difundem o conteúdo, é gritante e, repita-se, sem que o Estado venha se imiscuir nessa operação criminosa de forma preventiva, deixando acontecer, dando azo a perda patrimonial e lesões aos usuários que foram vítimas duas vezes: uma do sistema estatal e por parte dos criminosos.

A própria omissão do ente estatal vocacionado para reprimir, investigar e punir os criminosos estão negligenciando o combate ao crime organizado, propiciando que esses criminosos aufiram lucros, lesando terceiros com a máxima facilidade que encontram tanto na ausência de investigação e repressão, quanto na situação de abertura de contas por canais digitais.

Essa levíssima intervenção do Estado fomenta a casa semana a criação de sites de leilões virtuais de veículos, com toda comodidade para assegurar o crime e o proveito ilícito.

Prezando pelo sigilo e anonimato de vítimas, analisando o caso da vítima do Distrito Federal, os criminosos criaram uma página na internet, semelhante à página do Detran do DF, para ludibriar aqueles que acessassem o conteúdo, o que chamou a atenção da vítima para ofertar lance, falsamente arrematar e transferir valores para os criminosos.

Outra vítima de Minas Gerais dirigiu o carro que ficou interessado no sítio eletrônico, juntamente com o criminoso que se passava por leiloeiro, vindo a ofertar lance na página de leilão e transferiu valores para a conta dos criminosos.

Uma vítima de São Paulo confiou no site porque viu o selo de site seguro fornecido pela empresa certificadora e, ainda, tinha emblema do selo do Tribunal de Justiça do Estado de São Paulo como site homologado, ou seja, são pormenores criados ardilosamente que retiram e minam dos interessados eventuais dúvidas ou receios sobre suposto crime.

Conclusão

Analisando a teoria da cegueira deliberada, como norte para fortificar a tese da responsabilidade civil objetiva, observa-se que o banco se omite no dever de segurança e de evitar danos a terceiros quando fomenta a abertura de contas bancárias de forma eletrônica, com uso de aplicativos por agentes criminosos, incrementando no êxito criminoso, pois, sem a participação do banco e sua estrutura, os criminosos não conseguiriam fruir numerários auferidos quando do estelionato *cibernético* de leilões virtuais de veículos.

Da análise do nexo causal o banco integra a dinâmica operacional de escoamento de valores auferidos ilicitamente, omitindo-se deliberadamente para coibir a ação criminosa, infringindo o dever de *know your employee*, deixando que agentes criminosos possam usar o seu aparato bancário, sem riscos para os criminosos e, ainda, auferindo lucros com as operações financeiras por meio de tarifas. Quando o setor de segurança do banco informa que há suspeita na conta, porém dessa suspeita nada é feito para bloquear a ação criminosa, eis que a omissão é patente.

A teoria da *conditio sine qua non* é empregada para afastar o elo irrelevante no nexo causal, e tornar notório o elo relevante na relação causal. Com isso, fazendo um juízo de exclusão, se o banco não facilitasse a abertura de contas digitais e a sua movimentação, os criminosos jamais teriam êxito no proveito criminoso, o que torna a conduta omissiva e abusiva do banco como determinante, portanto, atraindo a responsabilidade objetiva perante danos suportados por consumidores-vítimas do *cibercrime*. O dever de segurança do banco é falho, e, desse fato do serviço, exsurge o dever de indenizar.

A jurisprudência brasileira, no que concerne a fortuito interno e responsabilidade civil objetiva da instituição financeira diante fraude e ação criminosa, é fecunda, consignando-se que para haver a responsabilização do ente bancário, é imprescindível evidenciar a falha no serviço ou que o banco fora omisso ou negligente. Assim, no panorama do *cibercrime* dos leilões de veículos, em que criminosos abrem contas e movimentam essas contas, tudo de forma eletrônica, com as facilidade que o banco disponibiliza, eis que o incremento da operação criminosa se torna possível com a inserção do banco no nexo causal: sem o banco e sua omissão no dever de segurança, a movimentação financeira criminosa seria impossível.

No afã de se dimensionar o direito de participação ativa da vítima no cenário processual penal, desde a fase preliminar de investigação, obtempera-se que o Código de Processo Penal não afasta esse direito da vítima. Pelo contrário, no CPP existe até a possibilidade de impugnar o ato de promoção do arquivamento do inquérito policial pela vítima, atraindo, assim, a dimensão de esta pode, guardas as proporções, manifestar-se na fase inquisitorial, com requerimento de produção antecipada de provas, e, quando omissa a resposta do requerimento, abrindo a senda para que a vítima possa requerer judicialmente a tutela pretendida com vistas a preservar a prova que, com a morosidade a que muitas vezes se observa na realidade jurídica e social do Brasil, a prova não colhida pode ajudar o criminoso a ser absolvido, por ausência de provas.

Vide que a vítima tem poderes, até de ingressar com ação penal subsidiária da pública, não lhe sendo defeso, com isso, exercer o direito probatório de requerer a produção de determinada prova, de ir a juízo. Com a envergadura da teoria dos poderes implícitos nasce para a vítima o direito ínsito de requerer o que entender de direito, não sendo limitada sua atuação apenas a partir da denúncia, pois esta pode vir a demorar a ser promovida, podendo a fase inquisitorial perdurar por tempos, tempo suficiente para que dados, elementos, rastros digitais, gravações de câmeras de vigilância, enfim, uma gama de meio de armazenamento de provas se esmaeçam e, com efeito, beneficie o réu em detrimento da vítima. Nos crimes virtuais se deve priorizar a *expertise* e celeridade na decifração de códigos, localizações de endereços de IPs e MACs, telefones, enfim, são crimes que se não houver a expedita persecução e investigação criminal, sem titubeios, a vítima será novamente vitimizada com a inoperância da persecução penal.

Alfim, não há empecilho legal nem constitucional limitando a participação ativa da vítima desde a consumação do fato criminoso, existindo na doutrina o entendimento de que a vítima só pode intervir para coadjuvar o titular da ação penal apenas a partir do oferecimento da denúncia, o que se discorda dessa uníssona voz doutrinal, sendo passível de participação da vítima na fase inquisitorial, até como forma de exercer o direito de petição como direito fundamental que é.

BIBLIOGRAFIA

BITENCOURT, Cezar Roberto, Tratado de Direito Penal, volume I, 22ª edição, São Paulo: Saraiva, 2016.

BRASIL. Superior Tribunal de Justiça http://redir.stf.jus.br/paginadorpub/paginador.jsp?docTP=TP&docID=5762408, acessado em 16/04/2020.

_____, Tribunal Regional Federal da 5ª Região, https://pje.trf5.jus.br/pjeconsulta/Consultapublica/DetalheProcessoConsulta Publica/ documentoSemLoginHTML.seam?idProcessoDocumento=a1fccccbe260936f9d608de02ab3167a, acessado em 17/04/2020.

_____ Tribunal Regional Federal da 5ª Região https://www4.trf5.jus.br/data/2019/03/ESPARTA/00058476320144058100-01_20190329_8094702.pdf, acessado em 17/04/2020.

CARVALHO FILHO, José dos Santos Carvalho, Manual de Direito Administrativo. 32ª edição. São Paulo: revista dos tribunais. 2016.

GONÇALVES, Carlos Roberto, Direito Civil Brasileiro, volume I, 5ª edição, São Paulo: Saraiva, 2007.

GRECO, Luis, Um Panorama da teoria da imputação objetiva, 3ª edição, São Paulo: Revista dos tribunais, 2013.

MARQUES, Claudia Lima, BENJAMIN, Antônio Herman V., miragem, Bruno, Comentários ao código de defesa do consumidor, 5ª edição, São Paulo: Revista dos Tribunais, 2016.

MELO, Celso Antônio Bandeira, Curso de Direito Administrativo. São Paulo, 30ª edição. 2016.

NEVES, Daniel Amorim Assumpção, Manual de direito processual civil, volume único, 8ª edição, Salvador: JusPodivm, 2016.

TARUFFO, Michele, A prova, 1ª edição, São Paulo: Marcial Pons, 2014.

www.ingramcontent.com/pod-product-compliance
Lightning Source LLC
Chambersburg PA
CBHW030510220526

45464CB00006B/2733